令和6年度
介護報酬
改定対応

運営指導は
これでOK!

おさえておきたい

算定要件

特養・老健編
（介護老人福祉施設・介護老人保健施設）

小濱道博 著

第一法規

はじめに　今後の介護事業経営における加算算定の重要性

■ 過去最大規模となった令和６年度介護報酬改定

　　令和６年度介護報酬改定は、過去最大規模の改定となりました。それは、変更項目が過去最大という意味でもあります。人員基準、運営基準はもとより、既存の加算の多くに、算定要件の変更がありました。今回の改定にあたる審議では、複雑化する算定要件の簡素化も大きなテーマでした。確かに、新たな介護職員等処遇改善加算における要件など、簡素化されたものもあります。しかし、全体的に見て簡素化されたという実感は薄いと感じます。通所介護における入浴介助加算での入浴介助研修要件の追加など、負担が増えたと感じる改定項目も多くあります。

■ 既存の加算の改定にも目を向けて

　前回の改定辺りから、既存の加算の算定要件が変更となることが増えています。それまでの介護報酬改定では、基本報酬の増減と新加算の創設が主な内容であったため、新加算を算定しない場合は、特に日常業務の内容を見直す必要がありませんでした。改定内容にアンテナを張ることもなく、単に従来通りの業務をくり返すだけで足りた時代がありました。今は、自らセミナーに参加するなどして、最新情報にアンテナを張らないとならない時代となっています。入浴介助研修を行わずに加算算定を続けた事業所は、運営指導において返還指導を受けることになります。

■ 体制届の漏れに注意

　また、体制届のルール変更も大きな改定でした。従来は、減算に該当する場合に体制届を提出していました。今回からは、減算に該当しない旨の届出を提出しないと、無条件で減算対象とみなされます。BCP、高齢者虐待防止（居宅介護支援以外のサービス）及び介護保険施設における栄養マネジメントの減算がこれに当たります。介護事業者は、この変更を知らなかったでは済まされません。さらに、令和６年３月で約３年続いたコロナ禍特例も廃止となっています。今後は、新型コロナ感染などを理由とした人員の欠員は、無条件で減算につながっていきます。

はじめに　今後の介護事業経営における加算算定の重要性

■ 加算を算定する意義

　これまで、介護事業者の中には加算の算定をあえて避ける風潮もありました。それは、加算の算定によって利用者の自己負担が増加することなどから、担当のケアマネジャーが加算算定の少ない事業者を優先する傾向もあったためです。これは介護業界の平均利益率が8％を超えていた過去の時代の考え方でした。当時は基本報酬だけで収益の確保は十分で、加算を算定することは儲け主義であるというような評価もあったためです。この傾向は、いまだにケアマネジャーの一部が引きずっているようです。

　しかし、令和6年度介護報酬改定において基本報酬の引き上げが実質的に叶わなかったことから、加算算定が重要なテーマとなっています。そもそも加算とは、国が介護事業者に求めるハードルに報酬をつけたものです。加算をより多く算定する事業所は、質の高いサービスを行っていると評価されるのです。加算の算定ができない事業所は、国の求めるレベルに達していない事業所ともいえます。

　どのような商品やサービスでも質の高いものは価格も高いのです。価格の安いものはそれなりです。介護サービスも同様で、利用者負担は一部に過ぎません。介護事業の経営においても、加算の算定が明暗を分けます。報酬改定の審議においてメリハリという言葉が何度も語られました。今回はメリハリの改定です。どこかを引き上げたら、どこかを引き下げる。これがメリハリです。

　例えば、訪問介護は基本報酬が2％以上も引き下げられました。訪問介護は、加算の種類が少ないサービスです。そのような状況で、特定事業所加算の算定が重要になっています。新区分Ⅳは3％の加算率であり、この区分を算定することで基本報酬のマイナスは補填できます。問題は、会議や文章での伝達といった基本要件での事務負担の増加です。事務負担の軽減策は、業務効率化とICT化が一般的です。ICT補助金や助成金を有効活用することも必要です。今後は、有効なアドバイスをできるブレーン確保や、業務負担を軽減するためのオンラインサービスの活用がキーポイントになるでしょう。従来の手法が通じなくなっています。「今までが」ではなく、「これからどうするか」です。思考の転換が急務です。

　このような環境変化の中で、この本を経営の一助としてご活用いただければ幸いです。

iii

運営指導の「リスク」は何か

■ 令和4年度の介護事業者の指定取消し、全部停止、一部停止とした行政処分件数は86件

　介護事業者の行政処分件数は、平成25年から平成29年まで5年連続で200件を超えていました。しかし、平成30年以降は減少傾向にあります。平成30年度は、居宅介護支援事業所の指定の権限が都道府県から市町村に移譲され、同時に運営指導についても移譲されたことが原因としてあげられます。令和元年度については令和2年初頭からのコロナ禍の影響で、ほとんどの自治体で運営指導が中止もしくは延期されたことが大きかったとされています。また、令和元年5月に発出された通知、「介護保険施設等に対する実地指導の標準化・効率化等の運用指針について」によって、運営指導の方向が激変しました。この通知は、運営指導を効率化して年間の指導件数を増やすことが主たる目的です。従来は一日作業であった現地指導を半日に短縮して一日に複数件の運営指導を行うように求めました。これによって、現在は半日型の運営指導が全国的に増えています。これにより、運営指導の実施率が上がっていくことも考えられます。

■ ローカルルールも確認を

　毎年6月は、新年度の運営指導が本格的にスタートする月です。自治体は4月に人事異動があるためです。運営指導を担当する地方公務員の異動の頻度は、3年から4年に1回程度が一般的です。これは、同じ部署を長期間担当しないことで不正や汚職を防止するという意味もあります。そのため、地域によっては介護保険を所轄する部署の担当課長などが3年程度で替わるたびに、ローカルルールが変わる問題も起こっています。自治体は、事業者から説明を求められた場合には、ローカルルールの必要性を説明する必要があるとされています。疑問点があれば、必ず自治体に確認してください。

介護サービス事業を営む上での一番大きな経営リスクは
指定の取消し処分

　令和4年度に指定取消し・停止処分となった介護サービスは、訪問介護・短期入所生活介護が最も多くそれぞれ13件、2番目が居宅介護支援で12件です。介護老人福祉施設は1件（地域密着型介護老人福祉施設入所者生活介護事業所は2件）、介護老人保健施設が1件でした。

　介護事業の許認可を申請する段階で、経営者の誓約書を提出しているはずです。この誓約書は法令を遵守することの誓約ですから、介護事業者は、自らの法令知識の不足を、役所の説明不足と言い逃れることはできません。自己責任において最新の法令、基準、通知、Q&Aなどを取得して確実に消化しなければならないのです。

リスクは指定の取消し処分だけではない
介護報酬の返還指導、改善報告を求められることも多い

　リスクは、指定取消し等の営業を継続することが不可能となるような処分だけではありません。その他の指導の件数は非常に多く、他人事とはいえない状況です。令和4年度の運営指導の結果、**半数以上の事業所が「改善報告」を求められ、1割以上の事業所が「過誤調整」を指示されています**。

　過誤調整では、間違った介護報酬の請求をしていたため、返還を指導されたということになります。せっかく得た介護報酬を失うだけではなく、請求金額に誤りがあったということは、利用者の信用を失うことにもつながります。また改善報告にしても、報告書を作成するための労力を費やすこととなってしまいます。

■ 虐待が疑われる場合は事前通知なしの指導が可能となっている

　現制度では、「虐待が疑われる」という曖昧な状況では、無通知で運営指導ができるようになっています。したがって、運営指導がいつ来ても対応できるように、日常的なコンプライアンス体制の確保が重要です。

■ 運営指導で指摘事項ゼロは実現できる

コンプライアンス対策以前に、制度を知らない介護事業者が多いのも事実です。しかし、介護事業所にとって運営指導で指摘事項がゼロであることは当然のことなのです。

運営指導対策やコンプライアンスの理解は、経営陣や責任者だけが学んでも意味がありません。**全職員レベルで法令の理解を進めて、日頃から自信をもって仕事をしていけるような職場作りが大切です。**

職員一人ひとりが運営基準など制度について正しい知識をもっていれば、職員同士で間違いがないか確認し合うことができます。指摘事項がない事業所は、このようにして事前にチェックできる体制が整っているのです。

■ 「忙しい」「面倒だから」は命取りになる

コンプライアンス対策の手抜きは介護報酬の返還等につながります。「自分は理解しているから大丈夫」という慢心や、「面倒だから」という油断が行政指導に直結します。

また、コンプライアンスは運営指導のためだけではありません。運営基準は安全にサービスを提供するために定められているものです。事業所を守るためだけではなく、利用者を守ることにもつながります。「誰のためのサービスか」ということを振り返り、その大切さを認識してください。

■ 日頃からの準備・対策が基本！

運営指導がいつ来てもよいように、日頃からの準備が大切です。運営指導でおさえておくべきポイントは、まず職員の配置、設備の基準、利用者への適切な説明ができているかを確認するいわゆる「**運営基準**」と、適切な介護報酬を請求する条件を満たしているかという「**算定要件**」です。

本書では、第1章で運営基準、第2章で算定要件の解説をしています。特に算定要件についての理解が深まると積極的に加算をしていくことができ、事業所経営上にも大きなメリットをもたらします。また、実際に指摘された事例も紹介しています。より具体的に、身近な例として捉えていただければ幸いです。

介護保険のルールと本書の活用について

介護保険のルールと本書の活用について

　施設サービスの提供に当たっては、介護保険法をはじめ、運営基準や介護報酬について定めた法令や通知、条例を遵守しなければなりません。法令等にはさまざまなものがありますが、次のものは最低限おさえておきましょう。

●人員・設備・運営基準

種別	法令・通知名	番号
省令	指定介護老人福祉施設の人員、設備及び運営に関する基準	平成 11 年 3 月 31 日厚生省令第 39 号
	介護老人保健施設の人員、施設及び設備並びに運営に関する基準	平成 11 年 3 月 31 日厚生省令第 40 号
通知	指定介護老人福祉施設の人員、設備及び運営に関する基準について	平成 12 年 3 月 17 日老企第 43 号
	介護老人保健施設の人員、施設及び設備並びに運営に関する基準について	平成 12 年 3 月 17 日老企第 44 号
条例※	「○○県指定介護老人福祉施設に関する基準等を定める条例」など、都道府県等で制定する人員・設備・運営に関する基準を定めた条例	

※人員・設備・運営に関する基準については、各都道府県等が省令をベースにして、地域の特性に合わせた**独自の条例**を制定しています。施設の所在する地域の条例を必ず確認しましょう。

●介護報酬

種別	法令・通知名	番号
告示	指定施設サービス等に要する費用の額の算定に関する基準	平成 12 年 2 月 10 日厚生省告示第 21 号
告示	厚生労働大臣が定める基準	平成 27 年 3 月 23 日厚生労働省告示第 95 号
告示	厚生労働大臣が定める基準に適合する利用者等	平成 27 年 3 月 23 日厚生労働省告示第 94 号
告示	厚生労働大臣が定める施設基準	平成 27 年 3 月 23 日厚生労働省告示第 96 号
通知	指定居宅サービスに要する費用の額の算定に関する基準（短期入所サービス及び特定施設入居者生活介護に係る部分）及び指定施設サービス等に要する費用の額の算定に関する基準の制定に伴う実施上の留意事項について	平成 12 年 3 月 8 日老企第 40 号

> **注意！**
> ➡ 本書の内容は、上記法令（告示・省令・通知）等の一般的な解釈に基づくもので、**各地域の条例やローカルルールのすべてを網羅するものではありません**。実際の運用に当たっては、条例の規定と保険者、都道府県等の意見等を確認してください。
> ➡ 本書の内容は、**令和 6 年 6 月 1 日現在**の法令の規定内容に基づいて作成しています。
> ➡ 法令・条例や通知は改正されることがありますので、**常に最新の情報を確認するようにしてください。**

令和6年度介護報酬改定の総括（施設）

■ **介護老人福祉施設の主な改定事項**

　介護老人福祉施設の基本報酬は、総じて 2.8％程度のプラスとなっています。介護老人福祉施設単独で見た場合、大きな変更点はありません。施設職員による透析患者の病院への送迎を評価する特別通院送迎加算が創設されました。これは、月に 12 回以上の透析患者の送迎が要件ですが、往復で 1 回のカウントですので注意が必要です。配置医師緊急時対応加算では、夜間、深夜、早朝に加えて、日中であっても、配置医師が通常の勤務時間外に駆けつけ対応を行った場合の区分も創設されました。

■ **介護老人保健施設の主な改定事項**

　介護老人保健施設では、報酬区分によって明暗が大きく分かれています。在宅強化型が 4.1％のプラスであるのに対して、その他型が 0.86％、基本型が 1.1％と大きく差が開きました。中間の区分である加算型は、特養並みの改定率です。

　また、介護老人保健施設の基本報酬ランクを決める評価指標のハードルが上げられました。入所前後訪問指導割合、退所前後訪問指導割合の指標が引き上げられ、支援相談員に社会福祉士の配置がない場合は、点数減となりました。これによって、さらに上位区分の基本報酬算定が難しくなったといえます。ギリギリの点数で強化型、超強化型を算定している施設でも、状況によってはランクダウンが想定されます。介護老人保健施設では、療養型とその他型において、令和 7 年 8 月より多床室料の自己負担が始まります。対象となる入所者は、月額で 8,000 円程度の負担増となります。

　加算に目を移すと、認知症短期集中リハビリテーション実施加算では、入所者の居宅を訪問し生活環境を把握する要件が追加されました。短期集中リハビリテーション実施加算では、入所時及び月 1 回以上 ADL 等の評価を行うことなどを要件とする上位区分が設けられています。また、ターミナルケア加算では、死亡日の前日及び前々日ならびに死亡日を高く評価する変更が行われました。すべての入所者について見守りセンサーを導入して夜勤職員全員がインカム等の

ICT を使用している場合、夜勤職員配置を 2 人以上から 1.6 人以上に緩和する措置がとられました。これは、前回の改定で介護老人福祉施設に適用された措置です。

■ 施設全体での主な改定事項

　介護施設全体では、2024 年 8 月から介護施設の居住費の基準費用額が 1 日当たり 60 円引き上げられました。介護施設には新興感染症対策が多く盛り込まれました。新興感染症とは、新型コロナに続く新たなウイルスのパンデミックのことです。コロナ禍の教訓をふまえて、未知のウイルスへの準備を進めることが重要です。また、入所者の体調急変に備えて、緊急時対応の準備や、24 時間体制で相談、診察、入院のできる医療機関との協力体制の義務化などが強化されています。

　注目すべきは、生産性向上への取組みが広範囲に盛り込まれたことです。3 年間の経過措置を設けた上で、生産性向上委員会（利用者の安全並びに介護サービスの質の確保及び職員の負担軽減に資する方策を検討するための委員会）の設置が義務化されました。同時に、ICT 化に取り組み、その改善効果に関するデータを提出することを評価する生産性向上推進体制加算が創設されています。

目次

はじめに　今後の介護事業経営における加算算定の重要性 ·········· ii
運営指導の「リスク」は何か ······················ iv
コラム　令和6年度介護報酬改定の総括（施設）···················· viii

第1章
人員・設備・運営基準　－指定取消しにならないために－

1 介護老人福祉施設　人員・設備・運営基準 ···················· 2
　(1) 人員基準 ···························· 2
　(2) 設備基準 ···························· 7
　(3) 運営基準 ···························· 10

2 介護老人保健施設　人員・設備基準 ···················· 12
　(1) 人員基準 ···························· 12
　(2) 設備基準 ···························· 17

3 運営基準（共通） ······························· 19
　● 解説　感染症の予防及びまん延の防止のための措置 ············ 38
　● 解説　高齢者の虐待の発生等を防止する措置 ················ 46
　● 解説　常勤と非常勤、専従と兼務 ···················· 52
　● 解説　常勤換算方法 ························ 55
　● 解説　介護老人福祉施設・介護老人保健施設の基準 ············ 56

第2章
介護報酬の算定要件　－報酬返還にならないために－

1 介護老人福祉施設 ···························· 58
　(1) 介護福祉施設サービス費 ···················· 58
　(2) 夜勤職員の勤務条件を満たさない場合 ·················· 64

（3）定員超過利用減算 ································· 65

（4）人員基準欠如減算 ······························· 67

（5）ユニットケア体制未整備減算 ··············· 68

（6）日常生活継続支援加算 ························· 69

（7）看護体制加算 ··································· 73

（8）準ユニットケア加算 ··························· 76

（9）生活機能向上連携加算 ························· 78

（10）個別機能訓練加算 ····························· 84

（11）ADL 維持等加算 ······························· 87

（12）常勤専従医師配置加算 ························· 89

●解説　LIFE への情報の提出頻度 ············· 90

●参考　Barthel Index（バーセルインデックス）····· 94

●解説　調整済 ADL 利得の平均 ················ 95

（13）精神科医師定期的療養指導加算 ············· 96

（14）障害者生活支援体制加算 ····················· 98

（15）退所前訪問相談援助加算 ···················· 100

（16）退所後訪問相談援助加算 ···················· 102

（17）退所時相談援助加算 ························· 104

（18）退所前連携加算 ····························· 106

（19）特別通院送迎加算 ··························· 108

（20）配置医師緊急時対応加算 ···················· 109

（21）看取り介護加算 ····························· 111

（22）在宅・入所相互利用加算 ···················· 115

2 介護老人保健施設 ···························· 117

（1）介護保健施設サービス費 ····················· 117

●解説　在宅復帰・在宅療養支援等指標 ······· 123

●解説　前 3 ケ月の考え方 ···················· 130

（2）夜勤職員の勤務条件を満たさない場合 ······· 131

（3）定員超過利用減算 ··························· 132

（4）人員基準欠如減算 ……………………………………… 133

（5）ユニットケア体制未整備減算 ………………………… 134

（6）室料相当額控除 ………………………………………… 135

（7）短期集中リハビリテーション実施加算 …………… 136

（8）認知症短期集中リハビリテーション実施加算 …… 139

（9）認知症ケア加算 ………………………………………… 142

（10）在宅復帰・在宅療養支援機能加算 ………………… 144

（11）ターミナルケア加算 ………………………………… 146

（12）療養体制維持特別加算 ……………………………… 148

（13）入所前後訪問指導加算 ……………………………… 150

（14）試行的退所時指導加算 ……………………………… 153

（15）入退所前連携加算 …………………………………… 155

（16）訪問看護指示加算 …………………………………… 157

（17）かかりつけ医連携薬剤調整加算 …………………… 158

（18）緊急時施設療養費 …………………………………… 163

　　　●解説　特定治療で算定できない治療 ……………… 165

（19）所定疾患施設療養費 ………………………………… 167

（20）リハビリテーションマネジメント計画書情報加算 …… 169

3 共　通 …………………………………………………… 171

（1）身体拘束廃止未実施減算 ……………………………… 171

（2）高齢者虐待防止措置未実施減算 ……………………… 173

（3）業務継続計画未策定減算 ……………………………… 174

（4）安全管理体制未実施減算 ……………………………… 176

（5）栄養ケア・マネジメント未実施減算 ……………… 177

（6）初期加算 ………………………………………………… 178

（7）夜勤職員配置加算 ……………………………………… 181

（8）若年性認知症入所者受入加算 ………………………… 185

（9）外泊時費用 ……………………………………………… 187

(10) 外泊時在宅サービス利用費用／
外泊時費用（在宅サービスを利用する場合）……………………… 189
(11) 退所時情報提供加算 ……………………………………………… 191
(12) 協力医療機関連携加算 …………………………………………… 194
(13) 栄養マネジメント強化加算 ……………………………………… 196
(14) 経口移行加算 ……………………………………………………… 199
(15) 経口維持加算 ……………………………………………………… 201
(16) 口腔衛生管理加算 ………………………………………………… 203
(17) 療養食加算 ………………………………………………………… 205
(18) 認知症専門ケア加算 ……………………………………………… 207
　　　●参考　認知症高齢者の日常生活自立度判定基準 ………………… 210
(19) 認知症チームケア推進加算 ……………………………………… 211
(20) 認知症行動・心理症状緊急対応加算 …………………………… 214
(21) 褥瘡マネジメント加算 …………………………………………… 216
(22) 排せつ支援加算 …………………………………………………… 218
(23) 自立支援促進加算 ………………………………………………… 221
(24) 科学的介護推進体制加算 ………………………………………… 223
(25) 安全対策体制加算 ………………………………………………… 225
(26) 高齢者施設等感染対策向上加算 ………………………………… 226
(27) 新興感染症等施設療養費 ………………………………………… 229
(28) 生産性向上推進体制加算 ………………………………………… 230
(29) サービス提供体制強化加算 ……………………………………… 233
(30) 退所時栄養情報連携加算 ………………………………………… 236
(31) 再入所時栄養連携加算 …………………………………………… 238
(32) 在宅復帰支援機能加算 …………………………………………… 240
(33) 介護職員等処遇改善加算 ………………………………………… 242
　　　●解説　令和6・7年度のベースアップについて …………………… 251
　　　●解説　介護職員等処遇改善加算（Ⅴ）……………………………… 252
　　　●解説　キャリアパス要件 ……………………………………………… 254
　　　●解説　職場環境等要件 ……………………………………………… 257

xiii

第3章
その他の請求・処分事例

その他の日常生活費 260
介護保険施設における行政処分の実例 262

第 **1** 章

人員・設備・運営基準

―指定取消しにならないために―

1 介護老人福祉施設　人員・設備・運営基準

　2019年5月に「標準確認項目」及び「標準確認文書」により実地指導（当時。現在は「運営指導」）を行う指針が示されました。そのため、本書では運営指導の標準確認項目を基に、具体的な項目を追加しました。

　また、運営基準で定められていることはこの項目以外にも多くあるため、遵守するよう心がけましょう。

(1) 人員基準

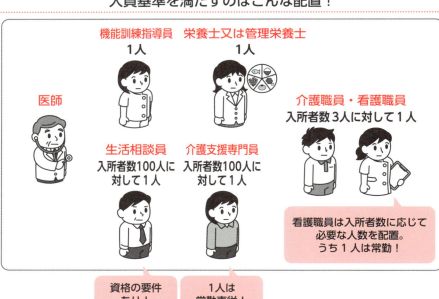

1 介護老人福祉施設　人員・設備・運営基準

〈チェック事項〉

1 従業者の員数

【標準確認項目】

☐ 入所（入居）者に対し、従業者数は適切であるか

☐ 必要な専門職が配置されているか

☐ 専門職は必要な資格を有しているか

【標準確認文書】

☐ 従業者の勤務体制及び勤務実績がわかるもの（例：勤務体制一覧表、勤務実績表）

☐ 従業者の勤怠状況がわかるもの（例：タイムカード、勤怠管理システム）

☐ 資格要件に合致していることがわかるもの（例：資格証の写し）

2 人員基準

①医師

☐ 入所者の健康管理、療養上の指導を行うために必要な数を配置しているか

②生活相談員

☐ 入所者数が100人に対して1人以上配置しているか

☐ 常勤の者であるか

☐ 社会福祉主事又はこれと同等以上の能力を有すると認められる者であるか

③介護職員・看護職員

☐ 介護職員・看護職員の総数は常勤換算方法で入所者数3人に対して1人以上か

☐ 看護職員のうち1人以上は常勤か

☐ 看護職員の数は入所者数に応じた数となっているか

☐ 医療・福祉関係の資格がない職員に認知症介護基礎研修を受講させているか

④栄養士又は管理栄養士

☐ 1人以上配置しているか

⑤機能訓練指導員

☐ 1人以上配置しているか

⑥介護支援専門員

☐ 常勤専従で1人以上配置されているか

☐ 入所者数が100人に対して1人を標準としているか

第1章　人員・設備・運営基準

2 人員基準

①医師

● 非常勤の医師でも可能ですが、入所者の継続的、定期的な医学的管理を行うことができるために必要な日数、時間数の配置が必要です。

②生活相談員

● 常勤者である必要があります。ただし、1人（入所者数が100人を超える施設では、100又はその端数を増すごとに1人を加えた数）を超えて配置されている生活相談員が、時間帯を明確に区分した上で、施設を運営する法人内の他の職務に従事する場合は、この限りではありません。
● 社会福祉主事とは、社会福祉法第19条で定められている資格を指します。
● 社会福祉主事と同等以上の能力を有すると認められる者とは、「社会福祉施設等に勤務し又は勤務したことのある者等で、その実績等から一般的に入所者の生活の向上を図るために適切な相談、援助等を行う能力を有すると認められる者」をいいます。

③介護職員・看護職員

● 介護職員及び看護職員の総数は、常勤換算方法で、入所者の数が3又はその端数を増すごとに1人以上の配置が必要です。
● 看護職員とは、看護師又は准看護師を指します。**看護職員のうち、1人以上は常勤**の者でなければなりません。また、入所者の数に応じて以下の配置が必要です。
　a　入所者数が30人以内の施設は、常勤換算方法で1以上
　b　入所者数が30人を超えて50人以内の施設は、常勤換算方法で2以上
　c　入所者数が50人を超えて130人以内の施設は、常勤換算方法で3以上
　d　入所者数が130を超える施設は、常勤換算方法で3に、入所者数が130を超えて50又はその端数を増すごとに1を加えて得た数以上
● 介護老人福祉施設の従業者は、専従が求められますが、従来型指定介護老人福祉施設にユニット型指定（地域密着型）介護老人福祉施設を併設する場合にお

4

いて、入所者の処遇に支障がない場合は、介護・看護職員の兼務が可能です。

● 介護職員として配置する職員のうち、医療・福祉関係の資格をもたない職員には、認知症介護基礎研修の受講が義務づけられています。外国人介護職員も在留資格にかかわらず、義務づけの対象となります。

※新たに採用・配置される職員は、1年の猶予期間があります。期間内に資格をとるか、研修の受講が必要となり、いずれにも該当しない場合は運営基準違反となります。

> **ポイント** ▶ **認知症介護基礎研修の受講義務がない介護職員**
>
> 次の資格の保有者は、認知症介護基礎研修の受講義務はありません。
>
> 看護師　准看護師　介護福祉士　介護支援専門員　実務者研修修了者　介護職員初任者研修修了者　生活援助従事者研修修了者　介護職員基礎研修課程又は訪問介護員養成研修課程1級課程・2級課程修了者　社会福祉士　医師　歯科医師　薬剤師　理学療法士　作業療法士　言語聴覚士　精神保健福祉士　管理栄養士　栄養士　あん摩マッサージ師　はり師　きゅう師
>
> 介護職員のうち養成施設の卒業者については、卒業証明書や履修科目証明書で認知症科目の受講が確認できればよく、福祉系高校の卒業者は、卒業証明書により単に卒業が証明できれば、受講義務の対象外となります。一方、認知症サポーター等養成講座修了者は、受講義務の対象外とはなりません。

④栄養士又は管理栄養士

● 1人以上配置します。ただし、入所定員が40人を超えない施設では、他の社会福祉施設等の栄養士又は管理栄養士との連携を図ることにより効果的な運営を期待することができる場合であって、入所者の処遇に支障がないときは、置かないことができます。

⑤機能訓練指導員

● 機能訓練指導員の資格とは、理学療法士、作業療法士、言語聴覚士、看護職員、柔道整復師、あん摩マッサージ指圧師、はり師又はきゅう師の資格をいいます

第1章　人員・設備・運営基準

（はり師及びきゅう師については、理学療法士、作業療法士、言語聴覚士、看護職員、柔道整復師又はあん摩マッサージ指圧師の資格を有する機能訓練指導員を配置した事業所で6ヶ月以上機能訓練指導に従事した経験が必要)。

● 入所者の日常生活やレクリエーション、行事等を通じて行う機能訓練指導については、施設の生活相談員又は介護職員が兼務して行うことができます。

⑥介護支援専門員

● 常勤専従の配置ですが、入所者の数が100人を超えるため増員して配置する場合は、増員による介護支援専門員は、非常勤とすることができます。また、入所者の処遇に支障がない場合、施設の他の職務に従事することができます。この場合、介護支援専門員の配置基準を満たすことができると同時に、兼務を行う他の職務に係る常勤換算上も、介護支援専門員の勤務時間の全体を他の職務に係る勤務時間として算入することができます。

> **ポイント** ▶ **短期入所生活介護を併設している場合、利用者数は合計して算出**
>
> 　短期入所生活介護を併設している施設の場合には、本体施設（介護老人福祉施設）と短期入所生活介護の利用者数を合計して、必要な人員数を算出します。

（2）設備基準

〈チェック事項〉

1 設備

【標準確認項目】

- ☐ 指定申請時（更新時含む）又は直近の変更届の平面図に合致しているか（目視）
- ☐ 使用目的に沿って使われているか（目視）

【標準確認文書】

- ☐ 平面図（行政機関側が保存しているもの）

2 従来型の主な設備基準

- ☐ 居室は個室であるか（処遇に必要な場合は2人部屋も可）
- ☐ 居室の床面積は1人当たり10.65m²以上であるか
- ☐ 静養室は介護職員・看護職員室に近接して設けてあるか
- ☐ 洗面設備は居室のある階ごとに設けてあるか
- ☐ 便所は居室のある階ごとに、居室に近接して設けてあるか
- ☐ 便所はブザー又はこれに代わる設備を設けてあるか
- ☐ 浴室は要介護者が入浴するのに適したものか
- ☐ 医務室は医療法に規定する診療所であるか
- ☐ 医務室は診療するために必要な医薬品及び医療機器を備え、必要に応じて臨床検査設備を設けてあるか
- ☐ 食堂及び機能訓練室はそれぞれ必要な広さを有し、合計面積は入所定員×3m²以上であるか
- ☐ 廊下幅は1.8m以上、中廊下の幅は2.7m以上あるか
- ☐ 消火設備その他の非常災害に際して必要な設備があるか

2 従来型の主な設備基準

- 居室の定員は1人としますが、夫婦で居室を利用する場合など、入所者へのサービス提供上必要と認められる場合は、2人とすることができます。1人当たり10.65m²の床面積が必要です。
- 食堂及び機能訓練室は、食事の提供又は機能訓練を行う場合、食事の提供又は機能訓練に支障がない広さを確保することができるときは同一の場所とすることができます。

3 ユニット型の主な設備基準

- ☐ 居室はユニットに属し、共同生活室に近接して一体的に設けているか
- ☐ 1ユニットの入居定員は原則10人以下としているか
- ☐ 居室の床面積は、10.65m²(2人部屋は21.3m²)以上であるか
- ☐ 共同生活室はいずれかのユニットに属し、日常生活を営むための場所としてふさわしいか
- ☐ 共同生活室の床面積は入居定員×2m²以上であるか
- ☐ 共同生活室に必要な設備、備品があるか
- ☐ 洗面設備は居室ごとか共同生活室ごとに適当数設けているか
- ☐ 便所は居室ごとか共同生活室ごとに適当数設けているか
- ☐ 浴室は要介護者が入浴するのに適したものか
- ☐ 医務室は医療法に規定されている診療所であるか
- ☐ 医務室は診療するために必要な医薬品及び医療機器を備え、必要に応じて臨床検査設備を設けてあるか
- ☐ 廊下幅は1.8m以上、中廊下の幅は2.7m以上あるか(往来に支障がない場合、廊下幅1.5m以上、中廊下の幅は1.8m以上)
- ☐ 消火設備その他の非常災害に際して必要な設備があるか

3 ユニット型の主な設備基準

- 居室は、いずれかのユニットに属していて、ユニットの共同生活室に近接して一体的に設けます。1ユニットの入居定員は、10人以下とすることが原則です。ただし、各ユニットにおいて入居者が相互に社会的関係を築き、自律的な日常生活を営むことを支援するのに支障がないと認められる場合には、入居定員が15人までのユニットも認められます。

- 共同生活室は、いずれかのユニットに属するものとし、当該ユニットの入居者が交流し、共同で日常生活を営むための場所としてふさわしい形状を有することが必要です。

- 共同生活室の床面積は、$2m^2$ に共同生活室が属するユニットの入居定員を乗じて得た面積以上を標準とします。

- 共同生活室には、食事や談話をするのに適したテーブル、いすなどを備えておきます。

- 洗面設備は居室ごとに設けるか、共同生活室ごとに適当数設けます。居室ごとに設けることが望ましいですが、共同生活室ごとに適当数設けることとしても差し支えありません。この場合は、共同生活室内の1ケ所に集中して設けるのではなく、2ケ所以上に分散して設けることが望ましいです。

- 廊下幅は1.8m以上、中廊下幅は2.7m以上必要ですが、廊下の一部の幅を拡張することにより、入居者、従業者等の円滑な往来に支障が生じないと認められる場合には、1.5m以上（中廊下は1.8m以上）として差し支えありません。

第1章　人員・設備・運営基準

（3）運営基準

〈チェック事項〉

1 入所者の入院期間中の取扱い

【標準確認項目】

☐ おおむね3ケ月以内に退院することが明らかに見込まれるときに適切な便宜を供与しているか

【標準確認文書】

☐ サービス提供記録

1　入所者の入院期間中の取扱い

● 入所者が医療機関に入院し、入院後おおむね3ケ月以内に退院することが明らかに見込まれるときは、入所者や家族の希望等を勘案し、同意の上で入退院の手続きや、その他の個々の状況に応じた便宜を図るなど、退院後円滑に再入所できるようにしなければなりません（退院が予定より早まってベッドの確保が間に合わない場合などのやむを得ない事情がある場合を除く）。

● 退院の見込みは入院先の主治医に確認します。

● 入院期間中のベッドは、短期入所生活介護事業等に利用しても差し支えありませんが、入所者が退院する際に円滑に再入所できるように、その利用は計画的なものでなければなりません。

2 緊急時等の対応

【標準確認項目】

☐ 配置医師との連携方法その他の緊急時等における対応方法が定められているか

☐ 当該対応方法は年1回以上見直されているか

【標準確認文書】

☐ 緊急時等における対応方法を定めたもの

> 1 介護老人福祉施設　人員・設備・運営基準

2 緊急時等の対応

● 施設サービスの提供を行っているときに入所者の病状の急変が生じた場合など
のために、あらかじめ配置医師及び協力医療機関との連携方法その他の緊急時
等における緊急時対応マニュアルを定めておきます。緊急時対応マニュアルに定
める規定としては、緊急時の注意事項や病状等についての情報共有の方法、曜
日や時間帯ごとの医師及び協力医療機関との連携方法や診察を依頼するタイミン
グ等があります。同様に、職員研修での活用も問われます。入所者の急な体調不
良などの場合、マニュアルに沿って適切に主治医に連絡して指示を受けます。そ
の過程や主治医の指示の内容、対応状況などをサービス提供記録に記載します。

● また、配置医師、協力医療機関の協力を得て、1 年に 1 回以上、緊急時等にお
ける対応方法の見直しを行い、必要に応じてその対応方法の変更を行わなけれ
ばなりません。

---

3 広告

【標準確認項目】
☐ 広告は虚偽又は誇大となっていないか
【標準確認文書】
☐ パンフレット／チラシ
☐ Web 広告

---

3 広告

● パンフレットやチラシ、Web 広告などは、誇大広告や表現に注意が必要です。
入所者の顔などが映り込んでいる写真などを掲載する場合は、本人又は家族の
同意が必要となります。リハビリテーションなどを提供する場合、チラシ等に
「治る」などの表現を用いることは医療法の関連で適切ではありません。

その他の運営基準

● 介護老人福祉施設、介護老人保健施設共通の運営基準は、「3 運営基準（共通）」
（19 ～ 56 頁）を確認してください。

2 介護老人保健施設　人員・設備基準

(1) 人員基準

人員基準を満たすのはこんな配置！

- 医師　1人＋α （1人は常勤！）
- 理学療法士、作業療法士、又は言語聴覚士　1人
- 栄養士又は管理栄養士　1人
- 介護職員・看護職員　入所者数3人に対して1人（介護職員：看護職員の割合は5：2！）
- 薬剤師　1人
- 支援相談員　1人
- 介護支援専門員　1人（1人は常勤・専従！）

〈チェック事項〉

1 従業者の員数

【標準確認項目】
- ☐ 入所（入居）者に対し、職員数は適切であるか
- ☐ 必要な専門職が配置されているか
- ☐ 必要な資格を有しているか

【標準確認文書】
- ☐ 従業者の勤務体制及び勤務実績がわかるもの（例：勤務体制一覧表、勤務実績表）
- ☐ 従業者の勤怠状況がわかるもの（例：タイムカード、勤怠管理システム）
- ☐ 資格要件に合致していることがわかるもの（例：資格証の写し）

> ## 2 人員基準
>
> ### ①医師
> ☐ 常勤換算方法で入所者数を 100 で割った数以上配置しているか
> ### ②薬剤師
> ☐ 入所者数を 300 で割った数以上を配置しているか
> ### ③介護職員・看護職員
> ☐ 介護職員・看護職員の総数は常勤換算方法で入所者数 3 人に対して 1 人以上配置しているか
> ☐ 看護職員は看護・介護職員の総数の 7 分の 2 程度であるか
> ☐ 介護職員は看護・介護職員の総数の 7 分の 5 程度であるか
> ☐ 看護・介護職員は、当該介護老人保健施設の職務に専従する常勤職員か
> ☐ 医療・福祉関係の資格がない職員に認知症介護基礎研修を受講させているか
> ### ④支援相談員
> ☐ 入所者数 100 人に対して 1 人以上配置しているか
> ### ⑤理学療法士、作業療法士又は言語聴覚士
> ☐ 常勤換算方法で入所者数を 100 で割った数以上配置しているか
> ### ⑥栄養士又は管理栄養士
> ☐ 入所定員 100 以上の施設では常勤の者を 1 人以上配置しているか
> ### ⑦介護支援専門員
> ☐ 1 人以上配置しているか

2 人員基準

①医師

- 常勤換算方法で、入所者の数を 100 で除して得た数以上配置します。基本型介護老人保健施設は、常勤の医師を 1 人以上配置します。
- 病院又は診療所と併設されていない介護老人保健施設は、常勤の医師を 1 人以上配置する必要があります。
- 病院又は診療所に併設されている介護老人保健施設（医療機関併設型小規模介

第1章　人員・設備・運営基準

護老人保健施設を除く）は、複数の医師が勤務する形態であってもそれらの勤務延時間が基準に適合すれば差し支えありませんが、うち1人は入所者全員の病状等を把握し、施設療養全体の管理責任をもつ医師となります。また、兼務の医師は、日々の勤務体制が明確に定められていなければなりません。

②薬剤師

● 入所者の数を300で除した数以上が標準です。300人以上の施設では1人以上配置となります。

③介護職員・看護職員

● 介護職員及び看護職員は、入所者及び利用者の数が3又は端数を増すごとに1人以上必要で、介護職員の員数は看護・介護職員の総数の7分の5程度、看護職員の員数は看護・介護職員の総数の7分の2程度です。
※ここでいう「看護・介護職員の総数」とは、人員基準上配置すべき看護・介護職員の員数です。

● 看護職員とは、看護師又は准看護師を指します。

● **介護職員・看護職員は、常勤専従職員**を充てる必要があります。ただし、業務の繁忙時に多数の職員を配置すること等により業務の円滑化が図られる場合は、その一部を非常勤職員とすることができます。その要件は、常勤職員である看護・介護職員が規定員数の7割程度確保されていること、常勤職員に代えて非常勤職員を充てる場合の勤務時間数が常勤職員を充てる場合の勤務時間数以上であることです。

● 介護職員として配置する職員のうち、医療・福祉関係の資格をもたない職員には、認知症介護基礎研修の受講が義務づけられています。外国人介護職員も在留資格にかかわらず、義務づけの対象となります。
※新たに採用・配置される職員は、1年の猶予期間となります。期間内に資格をとるか、研修の受講がない場合は運営基準違反となります。
➡ 認知症介護基礎研修の受講義務については、「ポイント　認知症介護基礎研修の受講義務がない介護職員」5頁を参照

④支援相談員

- 支援相談員は、保健医療及び社会福祉に関する相当の学識経験を有する常勤職員です。その主な業務内容は、入所者及び家族の処遇上の相談、レクリエーション等の計画、指導、市町村との連携、ボランティアの指導などです。
- サテライト型小規模介護老人保健施設、分館型介護老人保健施設における支援相談員の配置については、次の通りです。

  a サテライト型小規模介護老人保健施設等
  サテライト型施設と一体的に運営される本体施設に配置されている支援相談員によるサービス提供が、本体施設及びサテライト型の入所者に適切に行われると認められるときには置かないことができます。

  b 分館型介護老人保健施設
  分館型施設と一体として運営される基本型介護老人保健施設に配置されている支援相談員が配置されるときに限り、非常勤職員を充てて差し支えありません。この場合、例えば入所者30人の分館型介護老人保健施設にあっては、0.3人分の勤務時間を確保します。

⑤理学療法士、作業療法士又は言語聴覚士

- 常勤換算方法で、入所者の数を100で除して得た数以上を配置します。サテライト型小規模介護老人保健施設、医療機関併設型小規模介護老人保健施設では、一体的に運営される本体施設に配置されている理学療法士又は作業療法士によるサービス提供が、本体施設とサテライト型施設等の入所者に適切に行われると認められるときは、置かないことができます。

⑥栄養士又は管理栄養士

- 入所定員100人以上の施設は、常勤で1人以上配置します。ただし、同一敷地内にある病院等の栄養士又は管理栄養士がいて、栄養管理に支障がない場合は兼務職員で充てることもできます。
- サテライト型小規模介護老人保健施設等と一体として運営される本体施設に配置されている栄養士又は管理栄養士によるサービス提供が、本体施設とサテライト型小規模介護老人保健施設等の入所者に適切に行われると認められるときは、置かないことができます。

第 1 章　人員・設備・運営基準

⑦介護支援専門員

● 常勤専従で 1 人以上配置します。ただし、入所者の処遇に支障がない場合は、施設の他の職務に従事することができます。この場合は、介護支援専門員の配置基準を満たすと同時に、兼務を行う他の職務に係る常勤換算上も、介護支援専門員の勤務時間の全体を他の職務に係る勤務時間として算入することができます。また、居宅介護支援事業者の介護支援専門員との兼務はできませんが、増員の非常勤者については、この限りではありません。

● 本体施設に従事し、入所者の処遇に支障がない場合は、サテライト型小規模介護老人保健施設の職務に従事できます。サテライト施設と一体として運営される本体施設に配置されている介護支援専門員によるサービス提供が、本体施設とサテライト施設等の入所者に適切に行われると認められるときは、置かないことができます。

ポイント▶ 外国人介護人材に係る人員配置基準上の取扱い

令和 6 年度の介護報酬改定により、次のいずれかに該当する外国人介護職員（EPA 介護福祉士候補者、技能実習生）については、配置基準において職員等とみなすことができることになりました。
① 受入れ施設で就労を開始した日から 6 ケ月を経過した者
② 受入れ施設で就労を開始した日から 6 ケ月を経過していないが、事業者が、日本語の能力や研修の実施状況、受入れ施設の管理者、研修責任者等の意見等を勘案し、配置基準において職員等とみなすこととした者
③ 日本語能力試験 N1 又は N2 に合格した者
②の場合は、一定の経験のある職員とチームでケアを行う体制とすること、安全対策担当者の配置、安全対策に関する指針の整備や研修の実施など、組織的に安全対策を実施する体制を整備していることが条件となります。
※介護福祉士の資格をもつ在留資格「介護」は、就労開始より配置基準において職員等とみなすことができ、期間の制限なく就労可能です。

（2）設備基準

〈チェック事項〉

1 設備

【標準確認項目】

☐ 許可申請時（更新時含む）又は直近の変更届の平面図に合致しているか（目視）

☐ 使用目的に沿って使われているか（目視）

【標準確認文書】

☐ 平面図（行政機関が保存しているもの）

2 主な設備基準

☐ 療養室の定員は 4 人以下か

☐ 療養室の入所者 1 人当たりの床面積は 8㎡以上か

☐ 療養室にはナースコール等の必要な設備はあるか

☐ 診察室は医師が診察を行うのに適切なものであるか

☐ 機能訓練室の面積は入所定員数×1㎡以上であるか

☐ 談話室は入所者同士や入所者とその家族が談話を楽しめる広さがあるか

☐ 食堂の面積は入所定員×2㎡以上であるか

☐ 浴室は身体の不自由な者が入浴するのに適したものであるか

☐ 浴室は一般浴槽のほか、介助が必要な人のために特別浴槽を設けてあるか

☐ 便所は療養室のある階ごとに設け、ブザー又はこれに代わる設備があるか

☐ 調理室は食器、調理器具等を消毒する設備、食器、食品等を清潔に保管する設備、防虫、防鼠の設備があるか

☐ 汚物処理室は、他の施設と区別された一定のスペースを確保しているか

☐ 廊下幅（内法によるものとし、手すりを含む）は 1.8ｍ以上、中廊下の幅は 2.7ｍ以上あるか

第 1 章　人員・設備・運営基準

2　主な設備基準

- 療養室の定員は 4 人以下とし、入所者 1 人当たりの床面積は $8m^2$ 以上です。ただし、みなし介護老人保健施設は $6m^2$ 以上となります。入所者の身の回り品を保管することができる設備、ナースコールを設けます。
- 機能訓練室は $1\,m^2$ に入所定員数を乗じて得た面積以上の面積とし、必要な器械・器具を備えます。ただし、サテライト型小規模介護老人保健施設又は医療機関併設型小規模介護老人保健施設の場合は、機能訓練室は $40m^2$ 以上の面積で、必要な器械・器具を備えます。
- 食堂は $2\,m^2$ に入所定員数を乗じて得た面積以上の面積が必要です。ただし、みなし介護老人保健施設で平成 4 年 9 月 30 日以前に老人保健施設として開設されたものは 1 人当たり必要な面積を $1m^2$ とします。
- その他、レクリエーションルーム、洗面所等の基準がありますが、都道府県により違いが多い部分です。詳細は指定権者の方針に従ってください。

3 運営基準（共通）

〈チェック事項〉

1 内容及び手続きの説明及び同意

【標準確認項目】
- □ 入所（入居）申込者又はその家族への説明を行っているか
- □ 入所（入居）申込者の同意を得ているか
- □ 重要事項説明書の内容に不備等はないか

【標準確認文書】
- □ 重要事項説明書（入所（入居）申込者の同意があったことがわかるもの）
- □ 入所（入居）契約書

1 内容及び手続きの説明及び同意

- 施設サービスは、入所者との契約が締結されてからの入所となります。それ以前のサービスの提供は介護保険の対象とはなりません。そのため、その契約日と入所日の整合性が重要です。
- 重要事項説明書の内容を口頭で説明し、控えを交付して同意を得る手続きも入所までに終了する必要があります。運営指導では説明同意の日付と入退所、サービスの開始日の整合性が確認されます。サービスの開始日と同意の日が前後することはあり得ません。

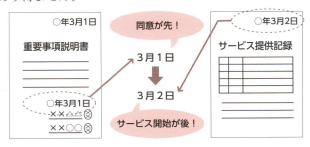

第1章　人員・設備・運営基準

2 受給資格等の確認

【標準確認項目】

☐ 被保険者資格、要介護認定の有無、要介護認定の有効期限を確認しているか

【標準確認文書】

☐ 介護保険番号、有効期限等を確認している記録等

2 受給資格等の確認

● 入所者の介護保険証や介護保険負担割合証などを確認し、コピーの保存、確認した内容を書き写すことなどで記録を残さなければなりません。また、被保険者証に認定審査会意見が記載されているときは、サービス提供を行うに際し、その意見を考慮しなければなりません。

3 入退所

【標準確認項目】

☐ サービスを受ける必要性が高いと認められる入所（入居）申込者を優先的に入所させているか

☐ 入所（入居）者の心身の状況、生活歴、病歴等の把握に努めているか

☐ 入所（入居）者が居宅において日常生活を営むことができるか、多職種（生活相談員、介護職員、看護職員、介護支援専門員等）で定期的に協議・検討しているか

【標準確認文書】

☐ アセスメントの結果がわかるもの

☐ モニタリングの結果がわかるもの

☐ 施設サービス計画

☐ 入所検討委員会会議録等

3 運営基準（共通）

3 入退所

● 介護保険施設は、優先的な入所の取扱いについて以下のように透明性と公平性が求められることに留意しなければなりません。

介護老人福祉施設	身体上又は精神上著しい障害があるために常時の介護を必要とし、かつ、居宅において介護を受けることが困難な者に対して、優先的に介護施設サービスを提供します。入所申込者の数が入所定員から入所者の数を減じた数を超えている場合は、介護の必要の程度及び家族等の状況を勘案して、サービスを受ける必要性が高いと認められる入所申込者を優先的に入所させるよう努めます。
介護老人保健施設	その心身の状況及び病状ならびにその置かれている環境に照らし看護、医学的管理の下における介護及び機能訓練その他必要な医療等が必要であると認められる者を対象に、介護保健施設サービスを提供します。入所申込者の数が入所定員から入所者の数を差し引いた数を超えている場合には、医学的管理の下における介護及び機能訓練の必要性を勘案し、介護保健施設サービスを受ける必要性が高いと認められる入所申込者を優先的に入所させるよう努めます。

● 入所申込者の入所に際しては、その者の居宅介護支援事業者に対する照会等によって、心身の状況、生活歴、病歴、指定居宅サービス等の利用状況等の把握に努めなければなりません。

● 入所者の心身の状況、置かれている環境等に照らして、入所者が居宅において日常生活を営むことができるかどうかについて定期的に検討しなければなりません。この検討は、生活相談員又は支援相談員、介護職員、看護職員、介護支援専門員等により行います。 また、入所者とその家族の希望、入所者が退所後に置かれることとなる環境等を勘案して、その者の円滑な退所のために必要な援助を行います。

● 入所者の退所に際しては、居宅サービス計画の作成等の援助に資するため、居宅介護支援事業者に対する情報の提供に努めるほか、保健医療サービス又は福祉サービスを提供する者との密接な連携に努めなければなりません。なお、安易に**施設側の理由により退所を促すことのないように**します。また、退所が可能となった入所者の退所を円滑に行うために、介護支援専門員及び生活相談員が中心となって、退所後の主治の医師・居宅介護支援事業所等と十分連携を図ります。

第1章　人員・設備・運営基準

---

4 **サービス提供の記録**

【標準確認項目】

☐ 提供した具体的なサービスの内容等（サービスの提供日、提供したサービスの内容、入所（入居）者の心身の状況、その他必要な事項）を記録しているか

【標準確認文書】

☐ サービス提供記録

☐ モニタリングの結果がわかるもの

4　**サービス提供の記録**

● 施設サービスを提供した際には、提供した具体的なサービスの内容等を記録します。また、入所に際しては入所の年月日ならびに入所している介護保険施設の種類及び名称を、退所に際しては退所の年月日を、当該者の被保険者証に記載します。

---

5 **利用料等の受領**

【標準確認項目】

☐ 入所（入居）者からの費用徴収は適切に行われているか

☐ 領収書を発行しているか

【標準確認文書】

☐ 領収書

☐ 請求書

3 運営基準（共通）

5 利用料等の受領

● 介護保険制度では、自動振替か口座振込の入金であっても、必ず領収書を発行します。**請求書と領収書は、明細型のものを発行します。**その理由は入所者の確定申告における医療費控除にあります。福祉系サービスは、通常は確定申告での医療費控除の対象外です。しかし、介護サービス費、食費、居住費については医療費控除の対象となります（介護老人福祉施設は自己負担分の2分の1が対象）。この場合、リハビリパンツ代や食事代、おやつ代、レクリエーション実費などは控除対象とならないために明確に区別する必要があります。そのために明細型の領収書の発行が義務とされます。

● 領収書は以下の費用区分を明確に記載します。

　a　基準により算定した費用の額

　b　標準負担額

　c　その他の費用（個別の費用ごとの区分）

● 施設は、利用料のほか、次に掲げる費用の額の支払を入所者から受けることができます。これらの提供に当たっては、あらかじめ、入所者又はその家族に対してサービスの内容及び費用について説明を行い、入所者の同意を得なければなりません。

1	食事の提供に要する費用（特定入所者介護サービス費が、入所者に支給された場合は食費の基準費用額、入所者に代わり介護施設に支払われた場合は食費の負担限度額を限度とします）
2	居住に要する費用（特定入所者介護サービス費が、入所者に支給された場合は居住費の基準費用額、入所者に代わり介護施設に支払われた場合は居住費の負担限度額を限度とします）
3	入所者が選定する特別な居室の提供を行ったことに伴い必要となる費用
4	入所者が選定する特別な食事の提供を行ったことに伴い必要となる費用
5	理美容代
6	上記のほか、介護保険施設サービスで提供される便宜のうち、日常生活において通常必要となるものに係る費用のうち、入所者に負担させることが適当と認められるもの

➡ 第3章「その他の日常生活費」260頁を参照

第1章　人員・設備・運営基準

> ## 6 取扱い方針
>
> 【標準確認項目】
> ☐ 生命又は身体を保護するため、緊急やむを得ない場合を除き、身体的拘束
> 等（身体拘束その他利用者の行動を制限する行為を含む）を行っていないか
> ☐ 身体的拘束等を行う場合に要件（切迫性、非代替性、一時性）をすべて満
> たしているか
> ☐ 身体的拘束等を行う場合、その態様及び時間、その際の利用者の心身の状
> 況ならびに緊急やむを得ない理由を記録しているか
> ☐ 身体的拘束等の適正化のための対策を検討する委員会を3月に1回以上開
> 催しているか
> ☐ 身体的拘束等の適正化のための指針を整備しているか
> ☐ 介護職員その他従業者に対し、身体的拘束等の適正化のための研修を定期
> 的に開催しているか
> 【標準確認文書】
> ☐ 身体的拘束等の記録（身体的拘束等がある場合）
> ☐ 身体的拘束等の適正化のための指針
> ☐ 身体的拘束等の適正化検討委員会の開催状況及び結果がわかるもの
> ☐ 身体的拘束等の適正化のための研修の開催状況及び結果がわかるもの

6 取扱い方針

● サービスの提供に当たっては、入所者又は他の入所者等の生命又は身体を保護
するため緊急やむを得ない場合等を除いて身体的拘束を行ってはなりません。
また、身体的拘束等を行う場合には、その態様及び時間、その際の入所者の心
身の状況ならびに緊急やむを得ない理由を記録しなければなりません。

● また、緊急やむを得ない理由は、組織等として、「切迫性」「非代替性」「一時性」
の3つの要件を満たしていることの確認手続きをきわめて慎重に行い、その具
体的な内容について記録しておく必要があります。

3 運営基準（共通）

● 身体的拘束等の適正化を図るため、次に掲げる措置を講じます。

a 　身体的拘束等の適正化のための対策を検討する委員会（テレビ電話装置等を活用して行うことも可）を3ケ月に1回以上開催し、その結果について、介護職員その他の従業者に周知徹底を図ること

b 　身体的拘束等の適正化のための指針を整備すること

c 　介護従業者その他の従業者に対し、身体的拘束等の適正化のための研修を定期的（年2回以上）に実施すること

注意！ ▶ **緊急やむを得ない場合の身体的拘束とは**

　介護保険施設の運営基準上、入所者又は他の入所者等の生命又は身体を保護するため、緊急やむを得ない場合には身体的拘束等が認められていますが、次の3つの要件を満たし、かつ、その手続きがきわめて慎重に実施されているケースに限られます。

■3つの要件

①「切迫性」

　入所者本人又は他の入所者等の生命又は身体が危険にさらされる可能性が著しく高い状態。本人等の生命又は身体が危険にさらされる可能性が高いことが判断の基準です。

②「非代替性」

　身体的拘束その他の行動制限を行う以外に代替する介護方法がない、他に代替方法が存在しないことを複数のスタッフで確認する必要があります。また、拘束の方法が本人の状態等に応じて最も制限の少ない方法により行います。

③「一時性」

　身体的拘束その他の行動制限が一時的なものである必要があります。本人の状態像等に応じて必要とされる最も短い拘束時間を想定し、期間ごとに家族への説明同意を行います。

第1章 人員・設備・運営基準

> ### 7 施設サービス計画の作成
>
> 【標準確認項目】
> ☐ 入所（入居）者の有する能力、その置かれている環境等をふまえているか
> ☐ アセスメントのため、入所（入居）者及びその家族に面接しているか
> ☐ サービス担当者会議等により専門的意見を聴取しているか
> ☐ 入所（入居）者又はその家族への説明を行い、文書により入所（入居）者
> 　の同意を得ているか
> ☐ 定期的にモニタリングを行い、結果を記録しているか
> 【標準確認文書】
> ☐ 施設サービス計画（入所（入居）者の同意があったことがわかるもの）
> ☐ アセスメントの結果がわかるもの
> ☐ サービス提供記録
> ☐ モニタリングの結果がわかるもの

7 施設サービス計画の作成

● 管理者は、介護支援専門員に施設サービス計画の作成に関する業務を担当させます。

● 施設サービス計画の作成に当たっては、適切な方法により、入所者について、その有する能力、置かれている環境等の評価を通じて入所者が現に抱える問題点を明らかにして、入所者が自立した日常生活を営むことができるように支援する上での課題の把握を行います。

● 入所者の希望、アセスメントの結果に基づき、入所者の家族の希望を勘案して、入所者とその家族の生活に対する意向、総合的な援助の方針、生活全般の課題、介護施設サービスの目標とその達成時期、介護施設サービスの内容、介護施設サービスを提供する上での留意事項等を記載した施設サービス計画の原案を作成します。作成に当たっては、厚生労働省「人生の最終段階における医療・ケアの決定プロセスに関するガイドライン」等を参考にしつつ、本人の意思を尊重した医療・ケアが実施できるよう、多職種が連携し、本人及びその家族との必要な情報の共有等に努めます。

3 運営基準（共通）

● 入所者の要介護状態の軽減又は悪化の防止に資するように計画を作ります。介護支援専門員は、サービス担当者会議（入所者の同意を得た上で、テレビ電話装置等を活用して行うことも可）を開催して、又は担当者に対する照会等によって施設サービス計画の原案の内容について、担当者から専門的な見地からの意見を求めます。ここでの担当者とは、医師、生活相談員又は支援相談員、介護職員、看護職員、機能訓練指導員、管理栄養士等、入所者の介護、生活状況等に関係する者をいいます。

● 介護支援専門員は、施設サービス計画の原案の内容を入所者とその家族に説明し、**文書により入所者の同意を得て、入所者に交付**します。施設サービス計画の作成後、施設サービス計画の実施状況の把握（入所者についての継続的なアセスメントを含む）を行って、必要に応じて施設サービス計画を変更します。

● 実施状況の把握（モニタリング）に当たっては、入所者、その家族、担当者との連絡を継続的に行い、定期的に入所者に面接してモニタリングの結果を記録します。入所者が要介護更新認定を受けた場合や、要介護状態区分の変更の認定を受けた場合は、サービス担当者会議の開催、又は担当者に対する照会等によって、施設サービス計画の変更の必要性について、担当者の専門的な見地からの意見を求めます。施設サービス計画の作成とその実施に当たっては、いたずらにこれを入所者に強制することとならないように留意します。

---

8 介護等

【標準確認項目】
☐ 入浴回数は適切か、褥瘡予防体制は整備されているか

【標準確認文書】
☐ サービス提供記録

---

8 介護等

● 介護保険施設では、1週間に2回以上、適切な方法により入浴か清拭をしなければなりません。

第1章　人員・設備・運営基準

● 褥瘡が発生しないよう適切な介護を行い、その発生を予防するための体制を整備するとともに、介護職員等が褥瘡に関する基礎的知識を有し、日常的なケアにおいて配慮することによって褥瘡発生の予防効果を向上させることが必要です。

---

9 栄養管理

【標準確認項目】
☐ 各入所（入居）者の状態に応じた栄養管理を計画的に行っているか
【標準確認文書】
☐ 栄養ケア計画
☐ 栄養状態の記録

---

9 栄養管理

● 入所者の栄養状態を入所時に把握し、医師、管理栄養士、歯科医師、看護師、介護支援専門員その他の職種の者が共同して、入所者ごとの摂食・嚥下機能及び食形態にも配慮した栄養ケア計画を作成します。

● 栄養ケア計画の作成に当たっては、施設サービス計画との整合性を図る必要があります。なお、栄養ケア計画に相当する内容を施設サービス計画の中に記載する場合は、それをもって栄養ケア計画の作成に代えることができます。

● 入所者ごとの栄養ケア計画に従い、管理栄養士が栄養管理を行い、入所者の栄養状態を定期的に記録します。

● 入所者ごとの栄養ケア計画の進捗状況を定期的に評価し、必要に応じて計画を見直します。

● 栄養ケア・マネジメントの実務等については、通知「リハビリテーション・個別機能訓練、栄養、口腔の実施及び一体的取組について」（令和6年3月15日老高発0315第2号、老認発0315第2号、老老発0315第2号）を参照。

3 運営基準（共通）

10 口腔衛生の管理

【標準確認項目】

☐ 各入所（入居）者の状態に応じた口腔衛生の管理を計画的に行っているか

【標準確認文書】

☐ 口腔衛生の管理計画

10 口腔衛生の管理

- 歯科医師等が、施設の介護職員に対する口腔衛生の管理に係る技術的助言及び指導を年2回以上行う必要があります。
- 施設の従業者又は歯科医師等が入所者ごとに施設入所時及び月に1回程度の口腔の健康状態の評価を行いましょう。
- 歯科医師等による技術的助言及び指導に基づき、a ～ e の事項を記載した、入所者の口腔衛生の管理体制に係る計画を作成し、必要に応じて、定期的に見直します。なお、口腔衛生の管理体制に係る計画に相当する内容を施設サービス計画の中に記載する場合は、その記載をもって計画の作成に代えることができます。
  - a 助言を行った歯科医師
  - b 歯科医師からの助言の要点
  - c 具体的方策
  - d 当該施設における実施目標
  - e 留意事項・特記事項
- 施設と計画に関する技術的助言、指導、口腔の健康状態の評価を行う歯科医師等は、実施事項等を文書で取り決めておく必要があります。

29

第1章　人員・設備・運営基準

> ## 11 管理者による管理
>
> 【標準確認項目】
>
> ☐ 管理者は常勤専従か、他の職務を兼務している場合、兼務体制は適切か
>
> 【標準確認文書】
>
> ☐ 管理者の雇用形態がわかるもの
>
> ☐ 管理者の勤務体制及び勤務実績がわかるもの（例：勤務体制一覧表、勤務実績表）
>
> ☐ 管理者の勤怠状況がわかるもの（例：タイムカード、勤怠管理システム）

11　管理者による管理

● 管理者は、介護保険施設の職務に専従する常勤の者である必要があります。ただし、介護施設の入所（入居）者へのサービス提供の場面等で生じる事象を適時適切に把握でき、職員及び業務の一元的な管理・指揮命令に支障がない場合には、同一の事業者によって設置された他の事業所、施設等の職務に従事することができます。

> **ポイント ▶ 誰が施設の管理者になるのか**
>
> 　介護老人福祉施設では管理者について特別の要件はありませんが、原則として常勤・専従の職員となります。介護老人保健施設では原則として常勤・専従の医師が管理者となります。

30

3 運営基準（共通）

12 運営規程

【標準確認項目】

□ 運営における以下の重要事項について定めているか

  □ 施設の目的及び運営の方針

  □ 従業者の職種、員数及び職務の内容

  □ 入所（入居）定員

  □ ユニット型の場合はユニットの数及びユニットごとの入居定員

  □ 入所（入居）者に対する施設サービスの内容及び利用料、その他の費用の額

  □ 施設の利用に当たっての留意事項

  □ 緊急時等における対応方法

  □ 非常災害対策

  □ 虐待の防止のための措置

  □ その他施設の運営に関する重要事項

【標準確認文書】

□ 運営規程

12 運営規程

- 運営規程は、介護施設・事業所の「法律」です。運営指導では、ここに記載された内容が確実に実施されているかが確認されますが、指定申請時に一度、都道府県等の確認が終わっている書類であるため、重大に考える必要はありません。

- 「従業者の員数」に変更がある場合は、通常は毎年3月に、その時点の実職員数を記載した変更届を提出します。ただし、日々の人数が大きく変動した場合はその時点で変更届を提出します。業務負担軽減等の観点から、定められた員数を満たす範囲において、規程に「○人以上」と記載することも差し支えありません。

- サービスの開始までに、入所者や家族に重要事項説明書の内容を説明して同意を得なければなりません。また、控えを入所者に交付します。運営指導においては、**サービスの開始日と同意の日が前後していないか**などが確認されます。

31

第1章　人員・設備・運営基準

また、記載内容について重要な変更があった場合や介護報酬の改定時に報酬料金が変わるたびに再作成して、変更前までに、入所者に説明同意と控えの交付が必要です。3年に一度の介護報酬の4月改定では、1ケ月前である3月中に利用料金の変更部分に関する資料と同意書を作成して同意を得る方法が一般的です。

---

13 勤務体制の確保等

【標準確認項目】

- ☐ サービス提供は施設の従業者によって行われているか
- ☐ 入所（入居）者の処遇に直接影響する業務を委託していないか
- ☐ 資質向上のために研修の機会を確保しているか
- ☐ 認知症介護に係る基礎的な研修を受講させるため必要な措置を講じているか
- ☐ 性的言動、優越的な関係を背景とした言動による就業環境が害されることの防止に向けた方針の明確化等の措置を講じているか

【標準確認文書】

- ☐ 従業者の勤務体制及び勤務実績がわかるもの（例：勤務体制一覧表、勤務実績表）
- ☐ 雇用の形態（常勤・非常勤）がわかるもの
- ☐ 研修の計画及び実績がわかるもの
- ☐ 職場におけるハラスメントによる就業環境悪化防止のための方針

---

13 勤務体制の確保等

- 施設ごとに原則として月ごとに勤務表を作成し、従業者の日々の勤務時間、常勤・非常勤の別、介護職員及び看護職員等の配置、管理者との兼務関係等を明確にします。
- サービスを直接担当する職員とは必ず雇用契約を締結し、管理者の指揮命令下に置く必要があります。運営指導では職員の雇用契約書が確認され、雇用契約以降に配置転換などがあった場合は、辞令などが確認されます。
- 管理者の責務として計画的な職員の能力向上があるために、運営指導では年間の研修スケジュール表などが確認されます。その研修の実施記録も重要な確認

3 運営基準（共通）

書類です。

●ハラスメント対策については、上司や同僚など施設内だけではなく、入所者と
その家族からのハラスメントを含めた対応が必要です。就業規則などに盛り込
むとともに、相談窓口の設置や研修などにも取り組まなければなりません。

> **ポイント** ▶ 調理や洗濯などは委託も可能！
>
> 　調理、洗濯等の入所者の処遇に直接影響を及ぼさない業務については、
> 第三者への委託を行うことは可能です。外部委託を活用し、従業者が入所
> 者のケアに専念できる体制を整えることもサービスの質の向上につながり
> ます。

> **注意！** ▶ ユニットケア施設管理者研修の努力義務化
>
> 　令和6年度の介護報酬改定で、ユニットケアの質の向上の観点から、個
> 室ユニット型施設の管理者は「ユニットケア施設管理者研修」を受講する
> ことが努力義務となりました。

14 定員の遵守

【標準確認項目】
□ 入所定員（又はユニットごとの入居定員）を上回っていないか
【標準確認文書】
□ 国保連への請求書控え

14 定員の遵守

●月平均で定員を超過している場合は、定員超過利用減算として30％の減算が
あります。また、運営規程に記載された定員を1日でも、1人でも、超えた日
がある場合は運営基準違反として指導の対象となります。さらに、その超過状
態が長期間にわたって継続反復した場合は、行政処分の可能性もあります。た

第1章　人員・設備・運営基準

だし、災害、虐待その他のやむを得ない事情がある場合は、この限りではありません。

➡ 「定員超過利用減算」65頁（介護老人福祉施設）、132頁（介護老人保健施設）を参照

---

15 非常災害対策

【標準確認項目】

☐ 非常災害（火災、風水害、地震等）に対する具体的計画はあるか

☐ 非常災害時の関係機関への通報及び連携体制は整備されているか

☐ 避難・救出等の訓練を定期的に実施しているか

【標準確認文書】

☐ 非常災害時の対応計画（管轄消防署へ届け出た消防計画（風水害、地震対策含む）又はこれに準ずる計画）

☐ 運営規程

☐ 避難・救出等訓練の実施状況がわかるもの

☐ 通報、連絡体制がわかるもの

---

15 非常災害対策

- 非常災害に関する具体的な計画を立て、非常災害時の関係機関への通報や連携のための体制を整備して、これらを定期的に従業者に周知しなければなりません。また、定期的に避難訓練、救出訓練その他必要な訓練を行います。

- 「非常災害に関する具体的計画」とは、消防法施行規則に規定されている消防計画、風水害、地震等の災害に対応するための計画をいいます。この場合、消防計画の策定とこれに基づく消防業務の実施は、消防法の規定により防火管理者を置くこととされている施設ではその者に行わせます。

- 防火管理者を置かなくてもよいとされている施設でも、防火管理について責任者を定め、その者に消防計画に準ずる計画の策定等の業務を行わせます。防災マニュアルを作成し、定期的に職員研修も行います。**年2回は避難訓練を実施**し、そのうち1回は夜間を想定した訓練を実施して記録します。

3 運営基準（共通）

16 衛生管理等

【標準確認項目】

☐ 感染症又は食中毒が発生し、まん延しないよう次の措置を講じているか

  ☐ 感染症及び食中毒の予防・まん延の防止のための対策を検討する委員
    会開催（おおむね3月に1回以上）、その結果の周知

  ☐ 感染症及び食中毒の予防・まん延の防止のための指針の整備・感染症
    及び食中毒の予防

  ☐ まん延の防止のための研修及び訓練の定期実施

【標準確認文書】

☐ 感染症及び食中毒の予防・まん延の防止のための対策を検討する委員会の
  開催状況・結果がわかるもの

☐ 感染症及び食中毒の予防・まん延の防止のための指針

☐ 感染症及び食中毒の予防・まん延の防止のための研修及び訓練の実施状
  況・結果がわかるもの

16 衛生管理等

● 入所者の使用する食器、その他の設備、飲用水について、衛生的な管理に努め、衛生上必要な措置を講じます。また、医薬品、医療機器の管理を適正に行います。その場合、a ～ d の点に留意します。

  a 調理、配膳に伴う衛生は、食品衛生法等関係法規に準じて行う。なお、食事の提供に使用する食器等の消毒も適正に行う

  b 食中毒、感染症の発生を防止するための措置等について、必要に応じて保健所の助言、指導を求めるとともに、常に密接な連携を保つ

  c 特にインフルエンザ対策、腸管出血性大腸菌感染症対策、レジオネラ症対策等については、その発生とまん延を防止するための措置について、別途発出されている通知に基づいて適切な措置を講じる

  d 空調設備等により施設内の適温の確保に努める

● 感染症、食中毒の予防、まん延の防止のための対策を検討する委員会（感染対策委員会）をおおむね **3ケ月に1回以上開催**するとともに、その結果について、

第1章　人員・設備・運営基準

介護職員その他の従業者に周知徹底します。

●感染症、食中毒の予防、まん延の防止のための指針には、平常時の対策、発生時の対策を規定します。

　a　平常時の対策としては、次の内容を規定します。

　　①施設内の衛生管理（環境の整備、排せつ物の処理、血液・体液の処理等）

　　②日常のケアに係る感染対策（標準的な予防策（血液・体液・分泌液・排せつ物などに触れるとき、傷や創傷皮膚に触れるときどのようにするかなどの取り決め）、手洗いの基本、早期発見のための日常の観察項目）等

　b　発生時の対応としては、次の内容を規定します。

　　①発生状況の把握、感染拡大の防止、医療機関や保健所・市町村における施設関係課等の関係機関との連携・医療処置・報告

　c　発生時における施設内の連絡体制や関係機関への連絡体制を整備します。

●介護職員やその他の従業者に対し、感染症、食中毒のまん延の防止のために**年2回以上の研修・訓練を定期的に実施**します。また、職員の新規採用時に感染対策研修を実施し、調理や清掃などの業務を委託する場合には、受託者に対しても指針を周知させます。実施した研修の実施内容を記録します。なお、訓練については、感染症 BCP の訓練と一体的に行うことが認められています。

17　秘密保持等

【標準確認項目】

☐ 個人情報の利用に当たり、入所（入居）者から同意を得ているか

☐ 退職者を含む、従業者が入所（入居）者の秘密を保持することを誓約しているか

【標準確認文書】

☐ 個人情報の使用に関する同意書

☐ 従業者の秘密保持誓約書

17　秘密保持等

●指定を受けて介護サービスを提供する法人と職員には守秘義務があります。施設は、施設の従業者であった者が、正当な理由がなく、その業務上知り得た入

3 運営基準（共通）

所者又はその家族の秘密を漏らすことがないよう**従業者との雇用時等に取り決めておく**などの措置を講じなければなりません。また、従業者の在職中及び退職後の秘密保持のため、就業規則、雇用契約、労働条件通知書、誓約書等で取り決めます。職員の雇用時と退職時に、そのことを誓約する誓約書に署名捺印を得ておきます。

---

18 苦情処理

【標準確認項目】

☐ 苦情受付の窓口を設置するなど、必要な措置を講じているか

☐ 苦情を受け付けた場合、内容等を記録、保管しているか

【標準確認文書】

☐ 苦情の受付簿

☐ 苦情者への対応記録

---

18 苦情処理

- 重要事項説明書への苦情窓口の記載は、所轄の市町村、国民健康保険団体連合会、自施設の3ケ所が必要です。苦情の記録簿には、些細なことであっても漏らさずに記載して保管します。

第1章　人員・設備・運営基準

解説　感染症の予防及びまん延の防止のための措置

○委員会のメンバー構成

　感染対策の知識を有する者を含む幅広い職種で構成します。内部関係者のみの構成でもよいですが、外部から感染症予防の専門家等を登用できるのが望ましいです。なお、他の検討委員会と一体的に実施することも可能です。

○委員会の開催頻度

　おおむね6ケ月に1回以上をめやすに定期的に開催します。ただし、感染症の流行時期には随時開催してください。

○委員会の活動内容

　主に以下の内容を委員会で検討します。また、委員会の決定事項は全職員への周知徹底が図られるよう努め、議事録等を残してください。
- 感染症対策委員会その他感染症に関する施設内の組織に関する事項
- 感染症の予防及びまん延防止のための指針の整備に関する事項
- 指針に基づく感染症の予防及びまん延防止の平常時の対応、発生時の対応に関する事項

○指針に盛り込む主な内容
- 平常時の施設内の衛生管理
- ケアに係る感染対策（手洗い、標準的な予防策等）
- 感染症発生時の状況把握
- 感染症拡大の防止策
- 医療機関、保健所、市町村等の関係機関との連携
- 施設内の連絡体制

解説　感染症の予防及びまん延の防止のための措置

○研修の実施方法と内容

　施設の指針に基づいた衛生管理の徹底や衛生的なケアの方法などを盛り込み、感染対策の基礎的内容の適切な知識を普及啓発する内容のものを年1回以上実施してください。厚生労働省の「介護現場における感染対策の手引き」等も活用してください。

　基本的に内部研修として実施し、研修の実施内容を記録することが重要です。また、新規採用時には、新規採用職員向けに別途研修を実施してもよいでしょう。

○訓練の実施方法と内容

　施設における指針や研修内容に基づき、施設内の役割分担の確認や感染対策をした状態でのケアの演習等を年1回以上実施してください。机上訓練と実地訓練を組み合わせながら実施することが望ましいです。厚生労働省の「新型コロナウイルス感染症感染者発生シミュレーション～机上訓練シナリオ～」も参考としてください。感染症に対する業務継続計画（BCP）研修と一体的に開催することも可能です。

第 1 章　人員・設備・運営基準

---

19 事故発生の防止及び発生時の対応

【標準確認項目】
- ☐ 事故発生の防止のための指針を整備しているか
- ☐ 市町村、入所（利用）者家族等に連絡しているか
- ☐ 事故状況、事故に際して採った処置が記録されているか
- ☐ 損害賠償すべき事故が発生した場合に、速やかに賠償を行っているか
- ☐ 事故発生の防止のための委員会及び従業者に対する研修を定期的に行っているか
- ☐ 上記の措置を適切に実施するための担当者を置いているか

【標準確認文書】
- ☐ 事故発生の防止のための指針
- ☐ 市町村、入所（居住）者家族等への連絡状況がわかるもの
- ☐ 事故に際して採った処置の記録
- ☐ 損害賠償の実施状況がわかるもの
- ☐ 事故発生防止のための委員会の開催状況及び結果がわかるもの
- ☐ 研修の計画及び実績がわかるもの
- ☐ 担当者を置いていることがわかるもの

19　事故発生の防止及び発生時の対応

- ●事故記録、ヒヤリハットシートは適時、作成して職員研修等に用いて情報共有し、再発防止を図る必要があります。運営指導では、その研修記録等が確認されます。また、入所者がケガによって病院に行った場合などは、速やかに市町村に事故報告を提出します。
- ●事故が発生した場合の対応、報告の方法等が記載された事故発生の防止のための指針を整備します。指針には、次のような項目を記載します。
  - a　施設における介護事故の防止に関する基本的考え方
  - b　介護事故の防止のための委員会その他施設内の組織に関する事項
  - c　介護事故の防止のための職員研修に関する基本方針
  - d　施設内で発生した介護事故、ヒヤリハット事例及び現状放置しておくと介護事

故に結びつく可能性が高いもの（介護事故等）の報告方法等の介護に係る安全の確保を目的とした改善のための方策に関する基本方針

e　介護事故等発生時の対応に関する基本方針

f　入所者等に対する当該指針の閲覧に関する基本方針

g　その他介護事故等の発生の防止の推進のために必要な基本方針

● 事故が発生した場合や事故に至る危険性がある事態が生じた場合に、その事実が報告され、その分析を通した改善策について、従業者に周知徹底する体制を整備します。入所者に対するサービスの提供により事故が発生した場合は、速やかに市町村、入所者の家族等に連絡を行うとともに、必要な措置を講じます。

● 事故発生防止等の措置を適切に実施するための担当者を置くことが必要です。当該担当者としては、事故防止検討委員会の安全対策を担当する者と同一の従業者が務めることが望ましいとされています。

報告すべき事故の種類及び範囲

1	**サービス提供中の利用者の死亡事故又は負傷等のケガの発生** （注１）「サービス提供中」とは、送迎、通院等の間を含む。また、在宅の通所・入所サービス及び施設サービスにおいては、利用者が事業所・施設内にいる間は、「サービス提供中」に含まれる。 （注２）報告すべきケガの程度については、医療機関に入院又は医療機関において継続して治療することを必要とするものとする。ただし、利用者又はその家族等との間で何らかのトラブルが発生するおそれがある場合には、ケガの程度にかかわらず報告する。 （注３）利用者が病気等により死亡した場合であっても、死因等に疑義が生じる可能性がある場合（利用者の家族等との間で何らかのトラブルが発生するおそれがある場合を含む）は報告する。 （注４）報告すべきものについては、事業者の過失の有無は問わない。
2	**食中毒及び感染症、結核等の発生** （注）保健所等関係機関にも報告を行い、関係機関の指示に従う。
3	**職員（従業者）の法令違反、不祥事等の発生** （注）報告すべきものについては、利用者へのサービスの提供に関連するものとする。 〈例：利用者からの預かり金の横領事件や利用者の送迎時の交通事故など〉
4	**災害の発生** （注）震災、風水害及び火災等の災害により利用者へのサービスの提供に影響するものとする。
5	**その他事業者が報告を必要と判断するもの及び市町村が報告を求めるもの**

第1章　人員・設備・運営基準

> **20 業務継続計画の策定等**
>
> **【標準確認項目】**
> ☐ 感染症、非常災害発生時のサービスの継続実施及び早期の業務再開の計画
> 　（業務継続計画）の策定及び必要な措置を講じているか
> ☐ 従業者に対する計画の周知、研修及び訓練を定期的に実施しているか
> ☐ 定期的に計画の見直しを行い必要に応じて計画の変更を行っているか
> **【標準確認文書】**
> ☐ 業務継続計画
> ☐ 研修の計画及び実績がわかるもの
> ☐ 訓練の計画及び実績がわかるもの

20　業務継続計画の策定等

- 業務継続に向けた計画（BCP）の策定、研修の実施、訓練（シミュレーション）の実施等が必要です。
- 研修と訓練は、定期的（年2回以上）に実施して記録しなければなりません。なお、感染症に対する業務継続計画研修は、感染症対策の研修と一体的に実施することも可能です。訓練では感染症や災害が発生した場合に実践するケアの演習等を実施します。

3 運営基準（共通）

> **ポイント** ▶ 業務継続計画（BCP）の研修と訓練
>
> 業務継続計画の研修と訓練のポイントは以下の通りです。
>
> ● 業務継続計画研修の実施
>
> 研修方法：内部研修として実施。研修の実施状況を記録に残すことが重要。
> 　　　　　新規採用時に新規採用職員向けに別途研修することが望ましい。
>
> 研修内容：BCPの具体的内容を職員間で共有して、平常時の対応の必要性
> 　　　　　や緊急時の対応に係る理解を浸透させる内容とする。
>
> 実施回数：年2回以上実施
>
> ● 業務継続計画訓練の実施
>
> 訓練内容：BCPに基づき、施設内の役割分担の確認、非常時のケアの演習
> 　　　　　等について訓練を実施する。机上訓練（シミュレーション）と
> 　　　　　実地訓練を組み合わせながら実施することが望ましい。
>
> 実施回数：年2回以上実施

21 虐待の防止

【標準確認項目】

☐ 虐待の発生又はその再発を防止するため次の措置を講じているか

　☐ 虐待の防止のための対策を検討する委員会の定期開催及びその結果の
　　介護職員その他の従業者への周知

　☐ 虐待の防止のための指針の整備

　☐ 虐待の防止のための研修の定期実施

☐ 上記の措置を適切に実施するための担当者を置いているか

【標準確認文書】

☐ 虐待の防止のための対策を検討する委員会の開催状況及び結果がわかるもの

☐ 虐待の防止のための指針

☐ 虐待の防止のための研修の計画及び実績がわかるもの

☐ 担当者を置いていることがわかるもの

第1章　人員・設備・運営基準

21　虐待の防止

- 虐待の発生・再発を防止するための委員会の開催、指針の整備、研修の実施、担当者を定めることが義務づけられています。研修・訓練には、全従業者が参加できるようにすることが望ましいとされています。
- 委員会は、虐待等の発生の防止・早期発見に加えて、虐待等が発生した場合は再発防止策を検討する管理者を含めた幅広い職種で構成し、定期的に開催することが必要です。

22　介護現場の生産性の向上※

【標準確認項目】

☐ 入所者の安全ならびに介護サービスの質の確保及び職員の負担軽減に資する方策を検討するための委員会を定期的に開催しているか

【標準確認文書】

☐ 生産性向上のための委員会の開催状況がわかるもの

※３年間の経過措置が設けられており、令和９年３月31日までは努力義務。

22　介護現場の生産性の向上

- 業務の効率化、介護サービスの質の向上その他の生産性の向上に資する取組みの促進を図るため、定期的に委員会を開催しましょう。開催頻度は施設の状況をふまえ、適切な頻度としてください。また、厚生労働省の「介護サービス事業における生産性向上に資するガイドライン」などを参考に取組みを進めることが望ましいとされています。
- 委員会は、管理者やケア等を行う職種を含む幅広い職種により構成することが望ましいです。各施設の状況に応じ、必要な構成メンバーを検討しましょう。また、生産性向上の取組みに関する外部の専門家を活用することもよいでしょう。
- 委員会はテレビ電話装置等を活用して行うことができます。
- 委員会の名称は、「利用者の安全並びに介護サービスの質の確保及び職員の負担軽減に資する方策を検討するための委員会」と法令で規定されていますが、方策が適切に検討される限り、法令とは異なる委員会の名称でも問題ありません。

3 運営基準（共通）

ポイント ▶ 他の会議との一体的な開催や他の事業者との連携による開催も可能です

　事故発生の防止のための委員会など、他に事業運営に関する会議を開催している場合、これと一体的に設置・運営することができます。

　また、事業所ごとに実施が求められていますが、他のサービス事業者との連携等により行うこともできます。

　運営基準上必要とされる委員会が多くあるため、既存の仕組みを上手に利用して体制を整えましょう。

ポイント ▶ 委員会の開催概要

　委員会の開催概要は以下の通りです。

・3ケ月に1回以上開催
・現場職員の意見を適切に反映するため、管理者だけでなく、ケアを行う
　職員を含む幅広い職種やユニットリーダー等が参加
・以下（1）から（4）までの事項について検討
　（1）入所者の安全及びケアの質の確保
　（2）職員の負担の軽減及び勤務状況への配慮
　（3）介護機器の定期的な点検
　（4）介護機器等を安全かつ有効に活用するための職員研修

45

第1章　人員・設備・運営基準

解説　高齢者の虐待の発生等を防止する措置

　虐待防止の措置を講じていないと減算の対象にもなります。以下を参考に、必ず実施してください。

○委員会のメンバー構成
　管理者を含む幅広い職種で構成します。内部関係者のみの構成でもよいですが、外部から虐待防止の専門家等を登用できるのが望ましいです。なお、他の検討委員会と一体的に実施することも可能です。

○委員会の開催頻度
　おおむね6ケ月に1回以上をめやすに定期的に開催します。

○委員会の検討事項の例
- 虐待防止検討委員会その他施設内の組織に関する事項
- 虐待防止のための指針の整備に関する事項
- 虐待等について、従業者が相談・報告できる体制整備に関する事項
- 従業者が虐待等を把握した際に、役所への通報が迅速かつ適切に行われるための方法に関する事項
- 虐待等が発生した場合、その発生原因等の分析から得られる再発防止策に関する事項
- 再発防止策を講じた際の効果についての評価に関する事項

解説　高齢者の虐待の発生等を防止する措置

○虐待防止のための指針に盛り込む主な内容
- 施設における虐待防止に関する基本的な考え方について
- 虐待防止検討委員会その他施設内の組織に関する事項について
- 虐待防止のための職員研修に関する基本方針について
- 虐待等が発生した場合の対応方法に関する基本方針について
- 虐待等が発生した場合の相談・報告体制に関する事項について
- 成年後見制度の利用支援に関する事項について
- 虐待等に対する当該指針の閲覧に関する事項について
- その他虐待防止の推進のために必要な事項について

○虐待防止のための研修の実施方法と内容

　虐待等の防止に関して適切な知識を普及・啓発する基礎的内容と施設の指針に基づいた研修プログラムを作成し、年１回以上実施してください。

　基本的に内部研修として実施し、研修の実施内容を記録することが重要です。また、新規採用時には、新規採用職員向けに別途研修を実施してもよいでしょう。

○虐待防止措置の担当者

　専任の担当者が必要です。虐待防止検討委員会の責任者と同一人物が望ましいとされています。

> **注意！** 虐待が発覚すると予告なしに監査！
>
> 　運営指導は実施前に事前通告を行うこととされていますが、虐待が疑われる場合には、予告なしでの監査など、厳しい対応となります。

第1章　人員・設備・運営基準

23 協力医療機関等※

- ☐ 協力医療機関を定め、入所者の病状の急変等に備えているか
- ☐ 以下の要件を満たす協力医療機関を定めておくよう努めているか
    - ☐ 入所者の病状が急変した場合に医師又は看護職員が相談対応を行う体制を常時確保している
    - ☐ 診療の求めがあった場合において診療を行う体制を、常時確保していること
- ☐ 1年に1回以上、入所者の病状が急変した場合等の対応を確認している
- ☐ 1年に1回以上、協力医療機関等を市町村長に届け出ているか
- ☐ 入所者が協力医療機関等に入院した後、退院が可能となった場合には再び入所させることができるように努めているか
- ☐ 協力歯科医療機関を定めておくよう努めているか

※ 3年間の経過措置が設けられており、令和9年3月31日までは努力義務。

23 協力医療機関等

- ● 協力医療機関を定める場合は、以下の要件を満たす協力医療機関を選定することが努力義務となります。
    - **a** 入所者の病状の急変が生じた場合等に、医師又は看護職員が相談対応を行う体制を常時確保している
    - **b** 診療の求めがあった場合に、診療を行う体制を常時確保している

    すなわち、夜間休日においても、相談や診察ができる24時間体制の病院を協力病院とすることを求めています。この要件は、創設された協力医療機関連携加算の算定要件にもなっています。

    ただし、複数の医療機関を協力医療機関として定めることによりこれらの要件を満たすこととしても差し支えありません。

- ● 協力医療機関の名称や契約に変更があった場合には、速やかに指定権者に届け出る必要があります。

- ● 連携する医療機関は、地方厚生局ホームページの一覧のうち「受理番号」の欄に次の受理番号がある医療機関が該当する医療機関となります。

在宅療養支援病院	（支援病1）、（支援病2）、（支援病3）
在宅療養支援診療所	（支援診1）、（支援診2）、（支援診3）
在宅療養後方支援病院	（在後病）
地域包括ケア病棟入院料 （地域包括ケア入院医療管理料）	（地包ケア1）、（地包ケア2）、（地包ケア3）、（地包ケア4）

※地域包括ケア病棟については、相談対応や診療を行う医療機関として、特に200床未満（主に地包ケア1及び3）の医療機関が連携の対象として想定されます。

※令和6年度診療報酬改定で新設される「地域包括医療病棟」は、地域の救急患者等を受け入れる病棟であり、高齢者施設等が平時から連携する対象としては想定されませんので、ご留意ください。

---

24 掲示

- ☐ 施設内の見やすい場所に、運営規程の概要（定員、従業者の勤務体制、協力医療機関、苦情窓口、利用料その他のサービスの選択に資すると認められる重要事項）を掲示しているか
- ☐ 文字の大きさ、掲示物の様式等は、見やすい形式で掲示されているか
- ☐ 重要事項をWebサイトに掲載しているか※

※令和7年4月1日から義務づけられます。

24 掲示

- 書面を施設に備えつけ、かつ、いつでも関係者に自由に閲覧させることにより掲示に代えることができます。
- Webサイトとは、法人のホームページ等又は介護サービス情報公表システムのことをいいます。

第 1 章　人員・設備・運営基準

> **25** 認知症に係る取組みの情報公表の推進
>
> □ 認知症関連の研修の受講状況等、認知症に係る事業者の取組み状況について、介護サービス情報公表制度において公表しているか

25　認知症に係る取組みの情報公表の推進

● 認知症関連の研修の受講状況等、認知症に係る事業者の取組み状況について、介護サービス情報公表制度において公表することが義務化されています。

> **26** 情報公表制度への経営情報の掲載
>
> □ 経営情報公表の対象事業所・施設であるか
> □ 公表する事項はすべてそろっているか
> □ 会計年度終了後 3 ケ月以内に提出しているか

26　情報公表制度への経営情報の掲載

● 令和 6 年度改正により、介護サービス事業者経営情報を、所轄する都道府県知事に報告することが義務化されました（介護保険法第 115 条の 44 の 2 第 2 項）。提出をしない又は虚偽の報告を行った場合は、期間を定めて報告もしくは内容を是正することを命ずることができるとされ（同第 6 項）、その命令に従わないときは、指定取消しや業務停止の処分ができるとされています（同第 8 項）。

● 財務諸表等の経営情報を定期的に都道府県知事に届け出るための提出方法として、情報提供のための全国的な電子開示システムとデータベースが整備され、

情報公表システムへの提出となります。提出期限は毎会計年度終了後3ヶ月以内です（令和6年度は年度末までに提出）。

● 小規模事業者等に配慮する観点から、運営するすべての施設・事業所が、以下のいずれかに該当する場合には提出の対象外とされています。

a 当該会計年度に提供を行った介護サービスに係る費用の支給の対象となるサービスの対価として支払を受けた金額が100万円以下であるもの

b 災害その他都道府県知事に対し報告を行うことができないことにつき正当な理由があるもの

● 介護サービス事業者から都道府県知事に対して報告が義務づけられている介護サービス事業者経営情報は以下の事項となります。ただし、介護サービス事業者の有する事業所又は施設の一部が上記の **a・b** の基準に該当する場合には、その事業所又は施設に係る事項は含まないものとします。

① 事業所又は施設の名称、所在地その他の基本情報

② 事業所又は施設の収益及び費用の内容

③ 事業所又は施設の職員の職種別人員数その他の人員に関する事項

④ その他必要な事項

● 提出される経営情報は、施設・事業所単位で集計する必要があり、その会計基準は「会計の区分」で処理されたものとなります。公表が必要な財務諸表は、貸借対照表、損益計算書、キャッシュフロー計算書です。原則として、介護サービス事業所又は施設単位での提出となります。ただし、拠点や法人単位で一体会計をしていて、事業所又は施設単位での区分けが困難な事業者は、拠点単位や法人単位での提出が可能です。その場合は、公表対象が明確になるように、会計に含まれている事業所又は施設を明記することが必要です。

> **ポイント ▶ 1人当たり賃金の公表は任意です**
>
> 　介護サービス情報公表制度には1人当たり賃金の項目もありますが、任意の情報とされています。原則として、介護サービス事業所又は施設単位での提出となります。ただし、事業者の希望によって法人単位での公表も可能ですが、その場合は含まれている事業所又は施設を明記することが必要です。

解説　常勤と非常勤、専従と兼務

○常勤とは

　常勤とは、雇用契約書に記載されている勤務時間が、就業規則で定められている勤務時間数（32時間を下回る場合は32時間）に達している職員をいいます。この場合、雇用契約の形態は**正社員、パート、アルバイト、嘱託社員、契約社員、派遣社員**などを問わずに**常勤扱い**となります。

　逆に、社内での扱いが正社員であっても、勤務時間が就業規則に定められた勤務時間に達していない場合は非常勤職員の扱いになります。家庭の事情などで雇用契約書に記載される勤務時間が就業規則の規定よりも短い場合も含まれます。

　また、管理者が他の職務を兼務する場合は、兼務する複数の職種の勤務時間の合計が就業規則に定められた勤務時間に達していれば、常勤として扱われます。

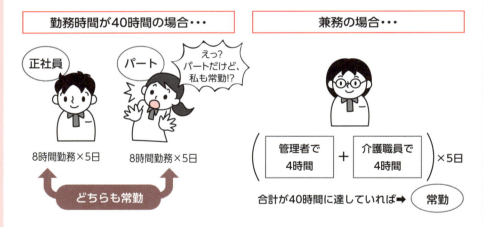

○常勤と非常勤の違い（常勤換算時の休暇等の取扱い）

　常勤職員と非常勤職員の大きな違いは、**休暇や出張時の取扱い**にあります。常勤職員は休暇や出張の期間が1ヶ月を超えない限り、常勤として勤務したことになります。一方で非常勤職員の場合、休暇や出張はサービス提供に従事した時間とはいえないので、常勤換算する場合の勤務延時間数に含めることができません。

　要は、常勤職員は月の中で1日でも出勤していれば人員基準では1人と計算され、非常勤職員は休暇等の時間は常勤換算での延べ勤務時間には含めずに計算されるということです。

解説　常勤と非常勤、専従と兼務

　　ただし、この取扱いは人員基準の職員数の確認に限られます。日々の配置は、規定の職員数を確保していなければなりません。常勤職員が出張等で不在の場合に、代わりの職員を配置しなくてもよいということではないので注意が必要です。

常勤・非常勤、専従・兼務の考え方

用語の定義と 4つの勤務形態の例		専従（専ら従事する・ 専ら提供に当たる） 当該施設に勤務する時間帯において、その職種以外の職務に従事しないこと	兼務 当該施設に勤務する時間帯において、その職種以外の職務に同時並行的に従事すること
常勤	当該施設における勤務時間が、「当該施設において定められている常勤の従業者が勤務すべき時間数」に達していること	①常勤かつ専従 1日当たり8時間（週40時間）勤務している者が、その時間帯において、その職種以外の業務に従事しない場合	②常勤かつ兼務 1日当たり8時間（週40時間）勤務している者が、その時間帯において、その職種に従事するほかに、他の業務にも従事する場合
非常勤	当該施設における勤務時間が、「当該施設において定められている常勤の従業者が勤務すべき時間数」に達していないこと	③非常勤かつ専従 1日当たり4時間（週20時間）勤務している者が、その時間帯において、その職種以外の業務に従事しない場合	④非常勤かつ兼務 1日当たり4時間（週20時間）勤務している者が、その時間帯において、その職種に従事するほかに、他の業務にも従事する場合

①～④：事業所における通常の勤務時間が1日当たり8時間（週40時間）と定められている事業所においての勤務形態の例

ポイント　常勤者の勤務時間の特例（育児・介護等の短時間勤務の場合）

　　以下の制度により、常勤の従業者が勤務すべき時間数を30時間としている短縮措置の対象者は、30時間勤務することで「常勤」として取り扱うことができます。

・育児・介護休業法の短時間勤務制度
・男女雇用機会均等法の母性健康管理措置
・「事業場における治療と仕事の両立支援のためのガイドライン」に沿って事業者が自主的に設ける短時間勤務制度

　　また、「常勤」での配置が求められる職員が、産前産後休業や育児・介護休業、母性健康管理措置等の休業で休んだ場合は、同等の資質をもつ複数の非常勤職員を常勤換算することで人員配置基準を満たすことが認められます。

第1章 人員・設備・運営基準

判断フロー図

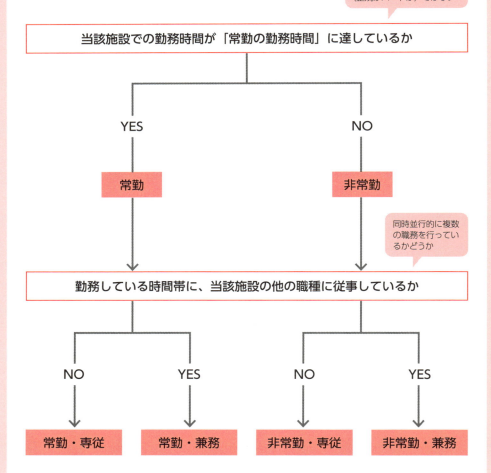

解説　常勤換算方法

解説　常勤換算方法

　常勤換算方法とは、非常勤職員の勤務時間数の合計が常勤職員の何人分に当たるかを算出する計算方法です。

　常勤換算の計算方法は、毎月1日から月末までの勤務実績表を用いて、1ケ月分の延べ勤務時間（勤務延時間）を集計して、常勤職員が勤務すべき時間数（週32時間を下回る場合は32時間※）で割って算出します（小数点第2位以下は切り捨て）。

※以下の制度の対象者は週30時間以上
・育児・介護休業法の短時間勤務制度
・男女雇用機会均等法の母性健康管理措置
・「事業場における治療と仕事の両立支援のためのガイドライン」に沿って事業者が自主的に設ける短時間勤務制度

> **各従業員の1ケ月の勤務時間の合計**
> **÷施設の定める常勤職員の1ケ月に勤務すべき時間数**

　また、職員が複数の職種を兼務している場合は、集計する職種の勤務時間だけを計算します。**この勤務時間に残業時間は含めません**。非常勤の従業者の休暇や出張の時間、自費サービスなど介護保険外のサービスに従事している時間も常勤換算の勤務時間に含めることはできません。

〈計算例〉
ある施設の4月の勤務実績の例
○介護職（常勤職員）5人 ➡ **常勤換算数5人（①）**
○介護職（非常勤職員）3人
　4月の非常勤職員の勤務延時間数が252時間で、常勤職員が1ケ月に勤務すべき時間数を168時間とすると ➡ **常勤換算数 252 ÷ 168＝1.5人（②）**
　　　　　　　　　　　　　　⬇
　　　　常勤換算数 ① 5人 ＋ ② 1.5人 ＝ 6.5人
　　　　　　　　　この施設の4月の常勤換算数は6.5人になります。

解説　介護老人福祉施設・介護老人保健施設の基準

介護老人福祉施設の人員・設備基準

必要となる人員・設備等

介護老人福祉施設においてサービスを提供するために必要な職員・設備等は次の通り。

○人員基準

医師	入所者に対し健康管理及び療養上の指導を行うために必要な数
生活相談員	入所者の数が100又はその端数を増すごとに1以上
介護職員又は看護職員	入所者の数が3又はその端数を増すごとに1以上
栄養士又は管理栄養士 機能訓練指導員	1以上
介護支援専門員	1以上（入所者の数が100又はその端数を増すごとに1を標準とする）

○設備基準

居室	原則定員1人、入所者1人当たりの床面積10.65㎡以上
医務室	医療法に規定する診療所とすること
食堂及び機能訓練室	床面積入所定員×3㎡以上
廊下幅	原則1.8m以上
浴室	要介護者が入浴するのに適したものとすること

ユニット型介護老人福祉施設の場合、上記基準に加え、以下が必要
- 共同生活室の設置
- 居室を共同生活室に近接して一体的に設置
- 1のユニットの定員は原則としておおむね10人以下とし、15人を超えない
- 昼間は1ユニットごとに常時1人以上の介護職員又は看護職員、夜間は2ユニットごとに1人以上の介護職員又は看護職員を配置
- ユニットごとに常勤のユニットリーダーを配置　等

介護老人保健施設の基準

必要となる人員　設備等

介護老人保健施設においてサービスを提供するために必要な人員・設備等は次の通り。

・人員

医師	常勤1以上、100対1以上
薬剤師	実情に応じた適当数（300対1を標準とする）
看護・介護職員	3対1以上、うち看護は2/7程度
支援相談員	1以上、100対1以上
理学療法士、作業療法士又は言語聴覚士	100対1以上
栄養士又は管理栄養士	入所定員100以上の場合、1以上
介護支援専門員	1以上（100対1を標準とする）
調理員、事務員その他の従業者	実情に応じた適当数

・施設及び設備

療養室	1室当たり定員4人以下、入所者1人当たり8㎡以上
機能訓練室	1㎡×入所定員数以上
食堂	2㎡×入所定員数以上
廊下幅	1.8m以上（中廊下は2.7m以上）
浴室	身体の不自由な者が入浴するのに適したもの　等

ユニット型介護老人保健施設の場合、上記基準に加え、
- 共同生活室の設置
- 療養室を共同生活室に近接して一体的に設置
- 1のユニットの定員は原則としておおむね10人以下とし、15人を超えない
- 昼間は1ユニットごとに常時1人以上、夜間及び深夜は2ユニットごとに1人以上の介護職員又は看護職員を配置
- ユニットごとに常勤のユニットリーダーを配置　等

出典：社会保障審議会介護給付費分科会資料を一部改変

第 **2** 章

介護報酬の算定要件

―報酬返還にならないために―

1 介護老人福祉施設

（1）介護福祉施設サービス費

介護福祉施設サービス費は介護老人福祉施設の基本報酬です。

○介護福祉施設サービス費

介護福祉施設サービス費		単位数（1日につき）				
		要介護1	要介護2	要介護3	要介護4	要介護5
介護福祉施設サービス費						
介護福祉施設サービス費（Ⅰ）	従来型個室	589	659	732	802	871
介護福祉施設サービス費（Ⅱ）	多床室	589	659	732	802	871
経過的小規模介護福祉施設サービス費						
経過的小規模介護福祉施設サービス費（Ⅰ）	従来型個室	694	762	835	903	968
経過的小規模介護福祉施設サービス費（Ⅱ）	多床室	694	762	835	903	968

○ユニット型介護福祉施設サービス費

ユニット型介護福祉施設サービス費		単位数（1日につき）				
		要介護1	要介護2	要介護3	要介護4	要介護5
ユニット型介護福祉施設サービス費						
ユニット型介護福祉施設サービス費	ユニット型個室	670	740	815	886	955
経過的ユニット型介護福祉施設サービス費	ユニット型個室的多床室	670	740	815	886	955
経過的ユニット型小規模介護福祉施設サービス費						
経過的ユニット型小規模介護福祉施設サービス費（Ⅰ）	ユニット型個室	768	836	910	977	1,043
経過的ユニット型小規模介護福祉施設サービス費（Ⅱ）	ユニット型個室的多床室	768	836	910	977	1,043

1 介護老人福祉施設

　介護老人福祉施設には次の4つの居室形態があり、介護老人福祉施設の基本報酬費である介護福祉施設サービス費は、この居室の形態によって「介護福祉施設サービス費」「ユニット型介護福祉施設サービス費」に分かれています。それぞれの報酬費は、要介護度に応じた単位数が設定されています。

居室形態		報酬費
①多床室	ユニットに属さない居室（定員2人以上）	介護福祉施設サービス費
②従来型個室	ユニットに属さない個室（原則、定員1人）	
③ユニット型個室	ユニット（10人程度）で利用できる共用のリビング等を併設している個室	ユニット型介護福祉施設サービス費
④ユニット型個室的多床室	ユニット（10人程度）で利用できる共用のリビング等を併設している居室（仕切りで個室のように区切られたスペース）	

多床室

4人部屋	廊下	4人部屋
4人部屋		4人部屋
4人部屋		4人部屋

従来型個室

個室	廊下	個室
個室		個室
個室		個室
個室		個室

ユニット型個室

個室／個室／個室／個室／共同生活室（リビングスペース）／個室／個室／個室／個室

ユニット型個室的多床室

居室ごとに窓が必要

準個室	共同生活室	準個室
準個室		準個室
準個室		
準個室		準個室
準個室		準個室

・家具等の可動の壁は不可
・天井と壁の間に一定の隙間が生じても可

　また、平成29年度以前に開設した小規模介護福祉施設や経過的地域密着型介護老人福祉施設（平成17年度以前に開設した定員が26～29人の施設）については、「経過的小規模介護福祉施設サービス費」として、別に単位数が設定されています。

　基本報酬費の算定に当たっては、報酬費に応じた「施設基準」と「夜勤職員の配置基準」を満たす必要があります。

59

第 2 章　介護報酬の算定要件

〈チェック事項　施設基準〉

1 介護福祉施設サービス費

- ☐ 入所定員は 30 人以上の施設であるか（ 2 に該当する施設を除く）
- ☐ 介護職員又は看護職員を常勤換算方法で入所者 3 人に対して 1 人以上を配置しているか
- ☐ 人員基準欠如減算の基準に該当していないか

2 経過的小規模介護福祉施設サービス費

- ☐ 平成 30 年 3 月 31 日までに指定を受けた入所定員 30 人の施設であるか
- ☐ 離島又は過疎地域に所在すること、又は離島又は過疎地域以外に所在し、かつ、他の指定介護老人福祉施設と一体的に運営されていないか
- ☐ 介護職員又は看護職員を常勤換算方法で入所者 3 人に対して 1 人以上を配置しているか
- ☐ 人員基準欠如減算の基準に該当していないか

3 ユニット型介護福祉施設サービス費

- ☐ 入居定員は 30 人以上の施設であるか（ 4 に該当する施設を除く）
- ☐ 介護職員又は看護職員を常勤換算方法で入居者 3 人に対して 1 人以上を配置しているか
- ☐ 人員基準欠如減算の基準に該当していないか

4 経過的ユニット型小規模介護福祉施設サービス費

- ☐ 平成 30 年 3 月 31 日までに指定を受けた入居定員 30 人の施設であるか
- ☐ 離島又は過疎地域に所在すること、又は離島又は過疎地域以外に所在し、かつ、他の指定介護老人福祉施設と一体的に運営されていないか
- ☐ 介護職員又は看護職員を常勤換算方法で入居者 3 人に対して 1 人以上を配置しているか
- ☐ 人員基準欠如減算の基準に該当していないか

1 介護老人福祉施設

1 介護福祉施設サービス費　〜
4 経過的ユニット型小規模介護福祉施設サービス費

●介護福祉施設サービス費を算定するに当たっては、人員基準欠如減算の基準に該当していないことが要件となっています。具体的には、介護職員、看護職員、介護支援専門員について人員基準を満たしていることが必要です。人員基準を満たしていない場合は、人員基準欠如減算が適用されます。

　➡ **人員基準については第1章「1 （1）人員基準」2頁を参照**
　➡ **人員基準欠如減算については「(4) 人員基準欠如減算」67頁を参照**

●ユニット型介護福祉施設サービス費、経過的ユニット型小規模介護福祉施設サービス費については、ユニット部分全体の入居者に対して介護・看護職員3：1の職員配置を満たしていればよく、ユニットごとに介護・看護職員3：1の職員配置を満たす必要はありません。

第 2 章　介護報酬の算定要件

〈チェック事項　夜勤職員の配置基準〉

1 介護福祉施設サービス費

□ 夜勤を行う介護職員又は看護職員について次の人数を配置しているか

入所者数※	夜勤を行う介護職員又は看護職員	見守り機器を導入した場合の夜勤を行う介護職員又は看護職員
25 人以下	1 人以上	－
26 人以上 60 人以下	2 人以上	1.6 人以上
61 人以上 80 人以下	3 人以上	2.4 人以上
81 人以上 100 人以下	4 人以上	3.2 人以上
101 人以上	4 人＋入所者数 25 人に対して 1 人以上	3.2 人＋入所者数 25 人に対して 0.8 人以上

※短期入所生活介護事業所が併設されている場合は、短期入所生活介護の利用者と介護老人福祉施設の入所者の合計数

□ ユニット型短期入所生活介護事業所を併設している場合は、施設の入所者とユニット型短期入所生活介護の利用者の合計 20 人に対して 1 人以上の夜勤を行う介護職員又は看護職員を配置しているか

2 ユニット型介護福祉施設サービス費

□ 2 つのユニットごとに 1 人以上の夜勤を行う介護職員又は看護職員を配置しているか

□ ユニット型指定介護老人福祉施設が短期入所生活介護事業所を併設している場合は、施設の入居者と短期入所生活介護の利用者の合計 20 人に対して 1 人以上の夜勤を行う介護職員又は看護職員を配置しているか

1 介護老人福祉施設

1 介護福祉施設サービス費・**2** ユニット型介護福祉施設サービス費

● 介護職員・看護職員の数を算定する際の入所者数は、前年度の平均を用います（新規開設・再開の場合は推定数）。入所者の平均は次の計算式で求めます。

> **前年度の全入所者等の延数÷前年度の日数**
> ※小数点以下を切り上げ

● 夜勤職員の基準を満たしていない場合は、減算が適用されます。

➡ 「(2) 夜勤職員の勤務条件を満たさない場合」64頁を参照

● 次のいずれにも該当する場合には、入所者数 26 人以上の施設の夜間の配置基準が緩和されます。ただし、常時 1 人以上配置（入所者数が 61 人以上の場合は常時 2 人以上配置）しなければなりません。

a 夜勤時間帯を通じて全入所者に見守り機器を導入している

b 夜勤時間帯を通じて夜勤職員全員がインカム等の ICT 機器を使用している

c 安全体制の確保等のための事項を実施している

ポイント ▶ 安全体制の確保等のための事項

「安全体制の確保等のための事項」とは、具体的には「入所者の安全やケアの質の確保、職員の負担を軽減するための委員会」を設置して、以下の事項について定期的に検討・確認を行うことを想定しています。

・入所者の安全及びケアの質の確保
（夜間の訪室が必要な入所者に対する訪室の個別実施など）

・職員の負担の軽減及び勤務状況への配慮
（介護機器導入をふまえた夜勤職員に対する人員配置や処遇改善など）

・夜勤勤務時間帯における緊急時の体制整備
（近隣在住職員を中心とした緊急参集要員の確保など）

・介護機器等の定期的な点検
（メーカーとの連携を含む見守り機器等の不具合の定期チェックの実施など）

・介護機器等を安全かつ有効に活用するための職員研修
（職員に対するテクノロジー活用に関する研修の実施）

第2章　介護報酬の算定要件

（2）夜勤職員の勤務条件を満たさない場合

夜勤職員の配置基準を満たさない場合に適用される減算です。

○夜勤職員の勤務条件を満たさない場合　　所定単位数の97%で算定

〈チェック事項〉

1 減算になる場合

□ 次のいずれかに該当する場合に減算

a　夜勤時間帯※に夜勤職員の基準を満たさない状態が2日以上連続して発生した場合

　　※午後10時から翌日の午前5時までの時間を含めた連続する16時間。原則として施設ごとに設定する

b　夜勤時間帯に夜勤職員の基準を満たさない状態が4日以上発生した場合

1 減算になる場合

● （ユニット型）介護福祉施設サービス費それぞれに夜勤職員の配置基準が定められていますが、この基準を満たさない場合に減算となります。

　➡ **夜勤職員の配置基準については、「（1）介護福祉施設サービス費」62頁を参照**

● 具体的には、ある月にチェック事項に示すいずれかの事態が発生した場合、その翌月の入所者の全員について所定単位数が減算となります。

ポイント▶夜勤職員の員数

　夜勤職員の配置基準の員数は、夜勤時間帯を通じて配置されるべき職員の員数として、複数の職員が交代で勤務しても基準は満たされます。その場合、連続した時間帯である必要はなく、最も配置が必要である時間に充てるように努めます。

　夜勤職員の配置基準の員数に小数が生じる場合は、整数部分の員数の職員に加えて、別の職員が次の計算式に適合する配置になっている必要があります。

夜勤時間帯に勤務する別の職員の勤務時間の合計÷16≧小数部分の数

　夜勤職員の不足状態が続く場合には、都道府県から職員を確保するように指導されることになりますが、従わない場合は指定の取消しも検討されます。

（3）定員超過利用減算

入所者が施設の入所定員を上回る場合（いわゆる定員超過利用）は、すべての介護報酬から30％の減額となります。

○定員超過利用減算　　所定単位数の70％で算定

〈チェック事項〉

1 減算になる場合

□ 月平均の入所者数が運営規程に定める入所定員を超える場合に減算

➡ 次の計算式の値が、運営規程に定める入所定員数を超えている場合に減算

１ケ月（暦月）の全入所者の延数÷１ケ月の日数　※小数点以下を切り上げ

□ 減算にならない場合

➡ 次の場合は入所定員の105％までは減算にならない
（a・bは入所定員が40人を超える場合は入所定員＋2まで減算にならない）

a　措置入所によりやむを得ず入所定員を超える場合（空床利用の短期入所生活介護を含む）

b　施設入所者で入院をしていた者が当初予定より早く再入所が可能となり、その時点で満床だった場合（当初の再入所予定日まで）

c　入所者の事情を勘案しての入所となったが、満床のため併設の短期入所生活介護の空床利用でサービスを受けた結果、入所定員を超過する場合

1 減算になる場合

● 減算を判定する際の「入所者数」は、１ケ月間（暦月）の入所者数の「平均」でカウントします。平均はチェック事項の計算式で求めます。

● 定員超過利用になった場合は、その翌月から定員超過利用が解消される月まで、**入所者の全員の所定単位数が減算**となります。定員超過利用が解消された場合は、解消された月の翌月から通常の所定単位数になります。

● 被災者を受け入れた場合など、やむを得ない理由での定員超過利用であれば、定員超過になった月の翌々月からの減算となります。これは、やむを得ない理由がないにもかかわらず翌月まで定員超過状態が続いている場合に限り、翌月

に定員超過の状態が解消されていれば、減算はありません。

> **ポイント** やむを得ない事情があっても一時的と考えましょう
>
> - チェック事項に示した **a〜c** の場合には、やむを得ないものとして、入所定員の105％までの超過であれば減算が行われません（**a・b**については、入所定員41人以上の施設は入所定員＋2まで減算されません）。ただし、あくまでも特例であり一時的なものになるため、速やかに定員超過状態を解消する必要があります。
> - **c** の「入所者の事情」とは、近い将来、施設に入所することが見込まれていたが、介護者の急病等の理由で在宅での生活を続けることが困難となった場合など、**入所者側のやむを得ない状況**を想定しています。このときに施設が満床のため、空床利用の短期入所で対応した場合などは、減算が適用されません。

（4）人員基準欠如減算

　施設の職員の配置数が、人員基準を満たしていない場合（いわゆる人員基準欠如）は、所定単位数の 30％が減額されます。

○人員基準欠如減算　　所定単位数の 70％で算定

〈チェック事項〉

---

1 減算になる場合

□ 次の職員の配置が人員基準を満たしていない場合に減算

　a　看護職員・介護職員

　　・人員基準上必要な員数から 1 割を超えて減少した場合

　　➡ その翌月から人員基準欠如が解消される月まで減算

　　・人員基準上必要な員数から 1 割の範囲内で減少した場合

　　➡ その翌々月から人員基準欠如が解消される月まで減算

　　　（翌月の末日において人員基準を満たす場合は除く）

　b　介護支援専門員

　　➡ その翌々月から人員基準欠如が解消される月まで減算

　　　（翌月の末日において人員基準を満たす場合は除く）

---

1 減算になる場合

- 減算が適用されるのは**看護職員・介護職員、介護支援専門員の配置が人員基準を満たしていない場合**です。それ以外の人員基準欠如に減算は適用されません。
- 人員基準欠如については、人員基準欠如が解消されるに至った月まで、**入所者全員について所定単位数が 30％減算**されます。

　➡ **人員基準については第 1 章「1 （1）人員基準」2 頁を参照**

- 看護職員・介護職員については、人員基準上必要とされる員数から 1 割を超えているか、超えていないかで、減算適用の開始時期が異なります。

　1 割を超えていない場合は、翌々月からの減算になりますが、翌月末までに人員基準欠如の状態が解消されれば減算されません。

- 著しい人員基準欠如が継続する場合には、都道府県より指導されることになります。その指導に従わない場合には、指定の取消しが検討されます。

第2章　介護報酬の算定要件

（5）ユニットケア体制未整備減算

　ユニットの体制についての基準を満たさない場合は、すべての介護報酬から3%の減額となります。

○ユニットケア体制未整備減算　　所定単位数の97%で算定

〈チェック事項〉

> **1 減算になる場合**
>
> □ 次のいずれかに該当する場合に減算
> 　**a**　日中にユニットごとに常時1人以上の介護職員又は看護職員を配置していない
> 　**b**　ユニットごとに、常勤のユニットリーダーを配置していない

1 減算になる場合

●ある月において、ユニットの体制について基準に満たない状況が発生した場合に、その翌々月から基準に満たない状況が解消される月まで、入所者全員の所定単位数が減算されます。ただし、翌月末日までに基準を満たしていれば、減算はありません。

> **ポイント ▶ユニット間の勤務体制に係る取扱い**
>
> 　「日中にユニットごとに常時1人以上」の配置が求められていますが、引き続き入所者等との「馴染みの関係」を維持しつつ、柔軟なサービス提供により、よりよいケアを提供する観点から、職員の主たる所属ユニットを明らかにした上で、必要に応じてユニット間の勤務を行うことは可能です。
> 　例えば、新規採用職員の指導に当たる場合や、夜間に担当する他ユニットの入所者等の生活歴を把握する目的で、ユニットを超えた勤務を含むケア体制としても差し支えありません。

1 介護老人福祉施設

（6）日常生活継続支援加算

重度の要介護者や認知症者の積極的な受入れや、介護福祉士を手厚く配置して質の高いサービスを提供することを評価する加算です。

○日常生活継続支援加算（Ⅰ）　　1日につき36単位を加算
○日常生活継続支援加算（Ⅱ）　　1日につき46単位を加算

〈チェック事項〉

1 日常生活継続支援加算（Ⅰ）

□ 次のいずれかを算定しているか
- a　介護福祉施設サービス費
- b　経過的小規模介護福祉施設サービス費

□ 次のいずれかに該当しているか
- a　算定月の前6ケ月間又は前12ケ月間の新規入所者総数のうち、要介護4・5の者の割合が70％以上
- b　算定月の前6ケ月間又は前12ケ月間の新規入所者総数のうち、介護が必要な認知症者（日常生活自立度Ⅲ以上）の割合が65％以上
- c　喀痰吸引等を必要とする者の割合が入所者の15％以上

□ 介護福祉士の数が、常勤換算方法で入所者6人に対して1人以上であるか

□ 介護福祉士の数が、常勤換算方法で入所者7人に対して1人以上の場合、次のいずれにも適合しているか
- a　業務の効率化及び質の向上又は職員の負担軽減に資する機器（介護機器）を複数種類使用している
- b　介護機器の使用に当たり、介護職員等が共同してアセスメントと入所者の身体状況の評価を行い、職員の配置の状況等の見直しを行っている
- c　「入所者の安全並びに介護サービスの質の確保及び職員の負担軽減に資する方策を検討するための委員会」を設置し、3ケ月に1回以上必要な検討・実施事項の確認を行っている

□ 定員超過利用減算、人員基準欠如減算の基準に該当していないか

□ サービス提供体制強化加算を算定していないか

第 2 章　介護報酬の算定要件

1 日常生活継続支援加算 （I）

- 本加算は入所者全員に加算を算定します。
- 新規入所者が 1 人のみであった場合には、その 1 人の新規入所者の状態のみで、要件の可否を判断します。
- 「介護が必要な認知症者」とは、**日常生活自立度のランクIII・IV・Mに該当する者**をいいます。
  - ➡「**参考　認知症高齢者の日常生活自立度判定基準**」210頁を参照
- 新規入所者の要介護度や日常生活自立度について、入所後に変更があった場合は、入所時点のものを用います。
- 「喀痰吸引等を必要とする者の割合」については、届出月の前 4 ケ月から前々月までの 3 ケ月間のそれぞれの末日時点の割合の入所者数平均で算出します。
- 介護福祉士の数を算出する際の入所者数は、**前年度の平均**を用います（新規開設・再開の場合は推定数）。入所者数平均の計算方法は、次の計算式で求めます。

> **前年度の入所者等の延数 ÷前年度の日数**
> ※小数点第 2 位以下切り上げ

- 次年度以降も引き続き加算を算定する場合は、入所者数平均等の再計算を行い、次年度に係る加算の算定要件が満たされているか確認します。
- 介護福祉士については、各月の前月の末日時点で資格を取得している者をカウントします。
- a ～ cの入所者の割合については、届出月以降も毎月、所定の割合を維持する必要があります。これらの割合は毎月記録し、所定の割合を下回った場合は、速やかに届出を提出しなければなりません。介護福祉士の数についても同様です。
- 介護機器を複数種類使用する際には、少なくとも次の a ～ cに掲げる機器を使用します。その際、 aの機器はすべての居室に設置し、 bの機器はすべての介護職員が使用します。
  - a　見守り機器
  - b　インカム等の職員間の連絡調整の迅速化に資する ICT 機器
  - c　介護記録ソフトウェアやスマートフォン等の介護記録の作成の効率化に資する ICT 機器

70

1 介護老人福祉施設

    d   移乗支援機器

    e   その他業務の効率化及び質の向上又は職員の負担の軽減に資する機器

● 介護機器の選定に当たっては、施設の現状の把握と業務面の課題を洗い出し、業務内容を整理し介護機器の活用方法を明確化した上で、必要な種類の介護機器を選定しましょう。

● 介護福祉士の数について、常勤換算方法で入所者7人に対して1人以上の要件で加算を取得する場合は、「入所者の安全並びに介護サービスの質の確保及び職員の負担軽減に資する方策を検討するための委員会」を設置して、以下 **a** ～ **d** の事項を検討することが要件となります。介護機器導入後これらを少なくとも3ケ月以上試行して、現場職員の意見が適切に反映できるように、実際にケア等を行う多職種の職員が参画する同委員会において安全体制やケアの質の確保、職員の負担軽減が図られていることを確認した上で届け出るものとします。

    a   入所者の安全やケアの質の確保

    b   職員の負担軽減及び勤務状況への配慮

    c   介護機器等の定期的な点検

    d   介護機器等を安全かつ有効に活用するための職員研修

● 入所者の安全並びに介護サービスの質の確保及び職員の負担軽減に資する方策を検討するための委員会は、テレビ電話装置等を活用して行うことが可能です。また、管理者だけでなく実際にケアを行う職員を含む幅広い職種や役割の者が参画し、当該職員の意見を尊重するよう努めます。

● 本加算を算定する場合は、サービス提供体制強化加算は算定できません。

2 日常生活継続支援加算（Ⅱ）

☐ 次のいずれかを算定しているか
- **a** ユニット型介護福祉施設サービス費
- **b** 経過的ユニット型小規模介護福祉施設サービス費

☐ 次のいずれかに該当しているか
- **a** 算定月の前6ケ月間又は前12ケ月間の新規入所者総数のうち、要介護4・5の者の割合が70％以上
- **b** 算定月の前6ケ月間又は前12ケ月間の新規入所者総数のうち、介護が必要な認知症者（日常生活自立度Ⅲ以上）の割合が65％以上
- **c** 喀痰吸引等を必要とする者の割合が入所者の15％以上

☐ 介護福祉士の数が、常勤換算方法で入所者6人に対して1人以上であるか

☐ 介護福祉士の数が、常勤換算方法で入所者7人に対して1人以上の場合、次のいずれにも適合しているか
- **a** 業務の効率化及び質の向上又は職員の負担軽減に資する機器（介護機器）を複数種類使用している
- **b** 介護機器の使用に当たり、介護職員等が共同してアセスメントと入所者の身体状況の評価を行い、職員の配置の状況等の見直しを行っている
- **c** 「入所者の安全並びに介護サービスの質の確保及び職員の負担軽減に資する方策を検討するための委員会」を設置し、3ケ月に1回以上必要な検討・実施事項の確認を行っている

☐ 定員超過利用減算、人員基準欠如減算の基準に該当していないか

☐ サービス提供体制強化加算を算定していないか

2 日常生活継続支援加算（Ⅱ）

● 日常生活継続支援加算（Ⅱ）は、ユニット型施設の場合に算定できる加算です。
● その他の算定要件については、前記「**1**日常生活継続支援加算（Ⅰ）」を参照してください。

（7）看護体制加算

看護師の配置や 24 時間連絡体制等の看護体制を整備した施設で算定する加算です。

○看護体制加算

加算	単位数（1日につき）
看護体制加算（Ⅰ）イ	6 単位
看護体制加算（Ⅰ）ロ	4 単位
看護体制加算（Ⅱ）イ	13 単位
看護体制加算（Ⅱ）ロ	8 単位

〈チェック事項〉

---

1 看護体制加算（Ⅰ）イ・ロ

☐ 入所定員について次に該当するか

看護体制加算（Ⅰ）イ：入所定員が 30 人以上 50 人以下[※1]

　　※1　平成 30 年 3 月 31 日までに指定を受けた施設は 31 人以上 50 人以下

看護体制加算（Ⅰ）ロ：入所定員が 51 人以上[※2]

　　※2　平成 30 年 3 月 31 日までに指定を受けた施設は 30 人又は 51 人以上

☐ 常勤の看護師を 1 人以上配置しているか

☐ 定員超過利用減算、人員基準欠如減算の基準に該当していないか

---

1 看護体制加算（Ⅰ）イ・ロ

● 短期入所生活介護の事業所を併設している場合は、短期入所生活介護事業所とは別に 1 人以上の常勤の看護師を配置する必要があります。

● 施設の空床を利用して短期入所生活介護を行う場合は、本加算の算定は本体施設である特別養護老人ホームと一体的に行います。具体的には、施設に常勤の看護師を 1 人配置している場合は、空床利用の短期入所生活介護についても看護体制加算（Ⅰ）の算定が可能です。

第 2 章　介護報酬の算定要件

● 看護体制加算（Ⅰ）イと看護体制加算（Ⅱ）イ、看護体制加算（Ⅰ）ロと看護
体制加算（Ⅱ）ロは、それぞれ同時に算定することができます。この場合は、
看護体制加算（Ⅰ）イ又はロの加算の対象となる常勤の看護師を、看護体制加
算（Ⅱ）イ又はロの看護職員の配置数の計算に含めることができます。

2　看護体制加算（Ⅱ）イ・ロ

☐ 入所定員について次に該当するか

看護体制加算（Ⅱ）イ：入所定員が 30 人以上 50 人以下[※3]

　　※ 3　平成 30 年 3 月 31 日までに指定を受けた施設は 31 人以上 50 人以下

看護体制加算（Ⅱ）ロ：入所定員が 51 人以上[※4]

　　※ 4　平成 30 年 3 月 31 日までに指定を受けた施設は 30 人又は 51 人以上

☐ 看護職員の数について、次のいずれにも該当するか

　a　常勤換算方法で入所者数 25 人に対して 1 人以上

　b　人員基準配置数＋ 1 人以上

☐ 看護職員との連携により、24 時間連絡体制を確保しているか

☐ 定員超過利用減算、人員基準欠如減算の基準に該当していないか

2　看護体制加算（Ⅱ）イ・ロ

● 短期入所生活介護の事業所を併設している場合は、本体施設とは別に、短期入
所生活介護事業所においても常勤換算方法で入所者数 25 人に対して 1 人以上
を配置する必要があります。

● 施設の空床を利用して短期入所生活介護を行う場合は、看護体制加算の算定は
本体施設である特別養護老人ホームと一体的に行います。具体的には、看護職
員の配置について次のいずれも満たしている場合には、短期入所生活介護でも
看護体制加算（Ⅱ）の算定が可能となります。

　a　介護老人福祉施設の入所者数と空床利用の短期入所生活介護の利用者数との合
　　算数で 25 人に対して 1 人以上

　b　a の合算数を介護老人福祉施設の「入所者の数」とした場合に必要となる看護
　　職員の数＋ 1 人以上

1 介護老人福祉施設

● 看護体制加算（Ⅰ）と看護体制加算（Ⅱ）の同時算定については、前記「**1**
看護体制加算（Ⅰ）イ・ロ」を参照してください。

ポイント ▶ 24 時間連絡体制とは

「24 時間連絡体制」とは、夜間にも施設から連絡でき、必要な場合には
施設からの緊急の呼び出しに応じて看護職員が出勤できる体制をいいます。
具体的には、次のような対応を図る必要があります。

a 夜間における連絡・対応体制（オンコール体制）に関する取り決め（指
針やマニュアル等）の整備

b 看護職員不在時の介護職員による入所者の観察項目（どのようなこと
が観察されれば看護職員に連絡するか）の標準化

c 施設内研修等を通じた、上記 a・b の内容の看護・介護職員への周知

d 施設の看護職員とオンコール対応の看護職員が異なる場合は、電話や
FAX 等による入所者の状態に関する引継の実施（オンコール体制終
了時にも同様の引継を実施）

75

第2章　介護報酬の算定要件

(8) 準ユニットケア加算

　多床室であってもプライバシーの確保に配慮した設備にしたり、準ユニットに対して人員を配置したりするなど、ユニットケアに準じたケアを実施している場合に算定できる加算です。

○**準ユニットケア加算　　1日につき5単位を加算**

〈**チェック事項**〉

> **1 準ユニットケア加算**
>
> □ 準ユニット（12人を標準とする準ユニット）でケアを行っているか
> □ 準ユニットは入所者のプライバシーの確保に配慮した個室的なしつらえになっているか
> □ 準ユニットごとに共同生活室を設けているか
> □ 人員の配置について、次のいずれも満たしているか
>> **a** 日中に準ユニットごとに常時1人以上の介護職員又は看護職員を配置
>> **b** 夜間[※1]・深夜[※2]に、2つの準ユニットごとに1人以上の介護職員又は看護職員を夜勤職員として配置
>>> ※1　夜間：午後6時から午後10時までの時間
>>> ※2　深夜：午後10時から午前6時までの時間
>> **c** 準ユニットごとに、常勤のユニットリーダーを配置

1 準ユニットケア加算

● 施設の一部のみで本加算の要件を満たしている場合は、要件を満たす部分の入所者のみ本加算を算定することができます。

● 「プライバシーの確保に配慮した個室的なしつらえ」とは、各入所者のスペースを可動でないもので隔てることまでは必要ありませんが、視線が遮断されることを前提とします。建具による仕切りは認められますが、家具やカーテンによる仕切りでは不可です。また、天井と仕切りの間に隙間が空いていることは認められています。

● 「共同生活室」とは、入居者が交流し、共同で日常生活を営むための場所をい

います。
- 4人部屋に中廊下を設けて居室を仕切るなどさまざまな工夫が考えられることから、仕切られた空間についての1人当たり面積基準は設けられていません。多床室全体として1人当たりの面積基準を満たしていれば要件を満たします。
    ➡ **面積基準については第1章「1（2）設備基準」7頁を参照**

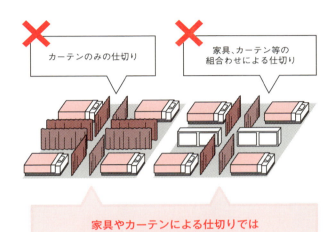

第 2 章　介護報酬の算定要件

（9）生活機能向上連携加算

　　施設の職員と外部の理学療法士等が連携して、機能訓練のマネジメントをした場合に算定する加算です。

　○**生活機能向上連携加算（Ⅰ）　　1ケ月につき100単位**

　　　　　　　　　　　　　　　　　　　（3ケ月に1回を限度）を加算

　○**生活機能向上連携加算（Ⅱ）　　1ケ月につき200単位を加算**※

　　※個別機能訓練加算を算定している場合は100単位

〈チェック事項〉

---

1 生活機能向上連携加算（Ⅰ）

【外部の理学療法士との連携】

☐ 理学療法士等は、外部から派遣されているか

☐ 理学療法士等の派遣元との間で業務委託契約書はとりかわされているか

【個別機能訓練計画の作成・実施】

☐ 理学療法士等は入所者の状況を把握した上で機能訓練指導員等に助言を行っているか

☐ 理学療法士等の助言に基づき、施設の機能訓練指導員等が共同してアセスメントを行い、計画を作成しているか

☐ 入所者ごとに計画が作成されているか

☐ 計画の目標は、入所者や家族の意向、担当ケアマネジャーの意見をふまえて策定されているか

☐ 身体機能又は生活機能向上を目的とする機能訓練の項目を準備し、機能訓練指導員等が計画的に機能訓練を実施しているか

☐ 個別機能訓練の記録を入所者ごとに保管しているか

1 介護老人福祉施設

1 生活機能向上連携加算（Ⅰ）

【外部の理学療法士との連携】

● 外部のリハビリテーション専門職等が施設を訪問せずに、入所者の状態を把握し助言した場合に算定します。

● 「理学療法士等」とは、訪問リハビリテーション事業所、通所リハビリテーション事業所、リハビリテーションを実施している医療提供施設（病院※、診療所、介護老人保健施設、介護療養型医療施設、介護医療院）の理学療法士、作業療法士、言語聴覚士又は医師をいいます。理学療法士等は同一法人でも可能です。

※病院は、次の条件のいずれかに該当するものに限ります。

  ・許可病床数が 200 床未満

  ・病院の半径 4km 以内に診療所がない

● 理学療法士等の通所介護への助言等の依頼については、派遣元の事業所等と業務委託契約書をとりかわして業務委託料を支払うことが想定されます。

【個別機能訓練計画の作成・実施】

● 「機能訓練指導員等」とは、機能訓練指導員、看護職員、介護職員、生活相談員、その他の職種の者をいいます。

● 外部の理学療法士等は、通所リハビリテーションなどの**サービス提供の場で、又は ICT を活用したテレビ電話や動画等によって、**入所者の状態を把握した上で、**施設の機能訓練指導員等に助言を行います。**

● 施設では、外部の理学療法士等からの助言を受けることができる体制を構築して、助言を受けた上で、機能訓練指導員等が生活機能の向上を目的とした個別機能訓練計画を作成します。

● 目標については、入所者や家族の意向、担当ケアマネジャーの意見もふまえて作成し、できるだけ具体的でわかりやすい目標とします。

● 施設では日々のサービス提供の中で計画的に機能訓練を実施します。個別機能訓練計画の作成だけで加算は算定できません。

79

第 2 章　介護報酬の算定要件

【モニタリング】

☐ ３ケ月に１回以上、理学療法士等が機能訓練指導員等と共同で進捗状況等を評価しているか

☐ 機能訓練指導員等が入所者や家族に、個別機能訓練計画の内容や進捗状況等を説明しているか

☐ 説明の内容を記録し、訓練内容の見直しを実施しているか

【他加算との関係ほか】

☐ 算定は３ケ月に１回までとしているか

☐ 個別機能訓練加算を算定していないか

☐ 生活機能向上連携加算（Ⅱ）を算定していないか

【モニタリング】

● **３ケ月に１回以上**、個別機能訓練計画の進捗状況等について理学療法士等と共同で評価します。

● 機能訓練指導員等は、入所者や家族に個別機能訓練計画の内容と評価や進捗状況について説明し記録して、必要に応じて訓練内容の見直し等を行います。

● 各月における評価の内容や目標の達成状況については、機能訓練指導員等が入所者や家族、理学療法士等に報告・相談します。必要に応じて入所者や家族の意向を確認し、理学療法士等から必要な助言を得た上で、目標の見直しや訓練内容の変更などの対応を行います。

● 入所者や家族への説明については、テレビ電話などの会議・面談システム等を活用することもできますが、あらかじめ同意を得ておく必要があります。

● 個別機能訓練に関する記録（実施時間、訓練内容、担当者等）は、入所者ごとに保管し、常に機能訓練指導員等が閲覧できる状態にしておきます。

【他加算との関係ほか】

● 生活機能向上連携加算（Ⅰ）は、個別機能訓練計画にしたがって**個別機能訓練を提供した初回の月に限って算定が可能**で、その翌月と翌々月は算定できません。それ以降については、理学療法士等の助言により計画を見直した場合に限り、再度の算定が可能です。ただし、入所者の急性増悪等により計画を見直した場合は、初回の翌月・翌々月でも算定可能です。

● 個別機能訓練加算を算定している場合は、本加算は算定できません。

1 介護老人福祉施設

● 生活機能向上連携加算（Ⅰ）と生活機能向上連携加算（Ⅱ）は同時に算定できません。

〈チェック事項〉

2 生活機能向上連携加算（Ⅱ）

【外部の理学療法士との連携】
- ☐ 理学療法士等は、外部から派遣されているか
- ☐ 理学療法士等の派遣元との間で業務委託契約書はとりかわされているか

【個別機能訓練計画の作成・実施】
- ☐ 事前に外部の理学療法士等が施設を訪問して、事業所の機能訓練指導員等と共同して計画を作成しているか
- ☐ 入所者ごとに計画は作成されているか
- ☐ 計画の目標は、入所者や家族の意向、担当ケアマネジャーの意見をふまえて策定されているか
- ☐ 身体機能又は生活機能向上を目的とする機能訓練の項目を準備し、機能訓練指導員等が計画的に機能訓練を実施しているか
- ☐ 個別機能訓練の記録を入所者ごとに保管しているか

【モニタリング】
- ☐ ３ケ月に１回以上、外部の理学療法士等が施設を訪問して、機能訓練指導員等と共同で進捗状況等を評価しているか
- ☐ 機能訓練指導員等が入所者や家族に、個別機能訓練計画の内容や進捗状況等を説明しているか
- ☐ 説明の内容を記録し、訓練内容の見直しを実施しているか

【他加算との関係ほか】
- ☐ 個別機能訓練加算を算定している場合は１ケ月につき１００単位で算定しているか
- ☐ 生活機能向上連携加算（Ⅰ）を算定していないか

81

第2章　介護報酬の算定要件

2　生活機能向上連携加算（Ⅱ）

【外部の理学療法士との連携】

- 外部のリハビリテーション専門職等が施設を訪問して入所者の状態を把握し助言した場合に算定します。
- 「**1** 生活機能向上連携加算（Ⅰ）」の【外部の理学療法士との連携】（78頁）を参照してください。

【個別機能訓練計画の作成・実施】

- 「機能訓練指導員等」とは、機能訓練指導員、看護職員、介護職員、生活相談員、その他の職種の者をいいます。
- 生活機能向上連携加算（Ⅱ）では、外部の理学療法士等が**施設を訪問し**、事業所の機能訓練指導員等と共同して、入所者のアセスメント、身体の状況等の評価、個別機能訓練計画の作成を行います。
- その際に外部の理学療法士等は、機能訓練指導員等に日常生活上の留意点、介護の工夫等に関する助言を行います。ポイントは、**計画を作成するのではなく、アドバイスすることが理学療法士等の主な役割**であることです。アセスメントから計画の作成は施設の職員が中心となって行います。
- 個別機能訓練加算を算定している場合は、別に個別機能訓練計画を作成する必要はなく、通常の多職種共同での計画の作成過程に外部の理学療法士等が加わって助言します。
- 目標については、入所者や家族の意向、担当ケアマネジャーの意見もふまえて作成し、できるだけ具体的でわかりやすい目標とします。
- 施設では日々のサービス提供の中で計画的に機能訓練を実施します。個別機能訓練計画の作成だけで加算は算定できません。

【モニタリング】

- **3ケ月に1回以上**、個別機能訓練計画の進捗状況等について外部の理学療法士等と共同で評価します。生活機能向上連携加算（Ⅱ）の場合は、共同の評価に当たって、理学療法士等が施設を訪問することが要件になっています。
- 機能訓練指導員等は、入所者や家族に個別機能訓練計画の内容と評価や進捗状況について説明し記録して、必要に応じて訓練内容の見直し等を行います。
- 各月における評価の内容や目標の達成状況については、機能訓練指導員等が入

所者や家族、理学療法士等に報告・相談します。必要に応じて入所者や家族の意向を確認し、理学療法士等から必要な助言を得た上で、目標の見直しや訓練内容の変更などの対応を行います。

● 個別機能訓練に関する記録（実施時間、訓練内容、担当者等）は、入所者ごとに保管し、常に機能訓練指導員等が閲覧できる状態にしておきます。

【他加算との関係ほか】

● 個別機能訓練加算を算定している場合は、1ケ月につき100単位を加算します。

● 生活機能向上連携加算（Ⅰ）と生活機能向上連携加算（Ⅱ）は同時に算定できません。

ポイント　個別機能訓練加算との違いは2点

　個別機能訓練加算との大きな違いは、この加算は外部の理学療法士等のアドバイスを得ることが必要であることと、個別機能訓練加算にある職員による3ケ月ごとの入所者への計画の内容説明が要件にないことの2点です。

　それ以外の職員が行うべき業務である書類作成、機能訓練の実施、記録の作成、報告などは、2つの加算でほとんど同じです。

83

第2章　介護報酬の算定要件

（10）個別機能訓練加算

常勤・専従の機能訓練指導員を配置して、個別機能訓練計画を作成し、計画に基づき機能訓練を行った場合に算定します。

○**個別機能訓練加算（Ⅰ）**　　**1日につき12単位を加算**
○**個別機能訓練加算（Ⅱ）**　　**1ケ月につき20単位を加算**
○**個別機能訓練加算（Ⅲ）**　　**1ケ月につき20単位を加算**
　※**加算（Ⅰ）（Ⅱ）（Ⅲ）は併算定可**

〈チェック事項〉

1 個別機能訓練加算（Ⅰ）

【人員配置】

☐ 次のいずれかの職種に該当する常勤・専従の機能訓練指導員を1人以上配置しているか

- a　理学療法士、作業療法士、言語聴覚士
- b　看護職員
- c　柔道整復師、あん摩マッサージ指圧師
- d　はり師、きゅう師

☐ 入所者が100人を超える施設の場合は、機能訓練指導員の配置について次のいずれにも該当しているか

- a　常勤・専従で1人以上
- b　常勤換算方法で入所者100人に対して1人以上

【個別機能訓練】

☐ 個別機能訓練開始時の入所者への説明は行われているか

☐ 多職種が共同して個別機能訓練計画を作成しているか

☐ 個別機能訓練計画に基づき、計画的に機能訓練を行っているか

☐ 訓練の効果、実施方法等について評価等を行っているか

☐ 3ケ月ごとに入所者に計画の内容を説明し、記録しているか

☐ 個別機能訓練について実施時間、訓練内容、担当者等を記録し、入所者ごとの保管、閲覧への対応を行っているか

1 介護老人福祉施設

1 個別機能訓練加算 （Ⅰ）

【人員配置】

● はり師又はきゅう師を常勤・専従の機能訓練指導員とする場合は、理学療法士、作業療法士、言語聴覚士、看護職員、柔道整復師又はあん摩マッサージ指圧師の資格をもつ機能訓練指導員を配置した事業所で6ケ月以上機能訓練指導に従事した経験がある者に限ります。

【個別機能訓練】

● 「多職種」とは、機能訓練指導員、看護職員、介護職員、生活相談員その他の職種の者をいいます。これらの者が共同して、個別機能訓練計画を作成し、この計画に基づき個別機能訓練を行うことが本加算の要件です。

● 個別機能訓練を行う場合は、**開始時及び3ケ月に1回以上**、入所者に個別機能訓練計画の内容を説明し、記録します。

● 入所者や家族への説明については、あらかじめ同意を得た上でテレビ電話などを活用して行うこともできます。

● 個別機能訓練に関する記録（実施時間、訓練内容、担当者等）は、入所者ごとに保管し、常に施設の個別機能訓練の従事者が閲覧できるようにしておく必要があります。

〈チェック事項〉

2 個別機能訓練加算 （Ⅱ）

☐ 個別機能訓練加算（Ⅰ）を算定しているか

☐ 入所者ごとの個別機能訓練計画書の内容等の情報を LIFE に提出しているか

☐ 必要に応じて個別機能訓練計画の内容を見直す等、機能訓練の実施に当たって、情報その他機能訓練の適切かつ有効な実施のために必要な情報を活用しているか

85

第 2 章　介護報酬の算定要件

2　個別機能訓練加算（Ⅱ）

● **LIFE（科学的介護情報システム）により厚生労働省に入所者の個別機能訓練計画書の情報を提出・活用する**ことが本加算の要件となっています。
　➡ LIFE への情報提出の頻度については、「解説　LIFE への情報の提出頻度」90 頁を参照

〈チェック事項〉

3　個別機能訓練加算（Ⅲ）

- ☐ 個別機能訓練加算（Ⅱ）を算定しているか
- ☐ 口腔衛生管理加算（Ⅱ）及び栄養マネジメント強化加算を算定しているか
- ☐ 入所者ごとに、理学療法士等が、個別機能訓練計画の内容等の情報その他機能訓練の適切かつ有効な実施のために必要な情報、入所者の口腔の健康状態に関する情報及び入所者の栄養状態に関する情報を相互に共有しているか
- ☐ 共有した情報をふまえ、必要に応じて個別機能訓練計画の見直しを行い、当該見直しの内容について、理学療法士等の関係職種間で共有しているか

3　個別機能訓練加算（Ⅲ）

● 個別機能訓練計画の内容等の情報その他個別機能訓練の適切かつ有効な実施のために必要な情報、入所者の口腔の健康状態に関する情報、入所者の栄養状態に関する情報を相互に共有する必要があります。
● 必要に応じて個別機能訓練計画の見直しを行い、内容について関係職種間で共有している必要があります。
● 関係職種間で共有すべき情報は、通知「リハビリテーション・個別機能訓練、栄養、口腔の実施及び一体的取組について」の様式 1 - 4 を参考に、常に施設の関係職種により閲覧が可能であるようにしておく必要があります。

1 介護老人福祉施設

（11）ADL 維持等加算

　一定期間入所している人について、ADL（日常生活動作）の維持・改善の度合いが一定の水準を超えた場合に算定します。

- ○ ADL 維持等加算（Ⅰ）　　1ケ月につき 30 単位を加算
- ○ ADL 維持等加算（Ⅱ）　　1ケ月につき 60 単位を加算

〈チェック事項〉

1 ADL 維持等加算（Ⅰ）（Ⅱ）

【対象者・ADL 評価の実施】

- □ 評価対象者（利用期間6ケ月以上の入所者）の総数が10人以上か
- □ 評価対象者全員について、利用開始月とその月の翌月から6ケ月目に ADL 値を測定しているか
- □ ADL の評価は、一定の研修を受けた者が Barthel Index（BI）を用いて行っているか
- □ 測定月ごとに評価対象者全員の ADL 値を LIFE へ提出しているか
- □ 評価対象者の調整済 ADL 利得が次に該当するか
  - **加算（Ⅰ）** □ 調整済 ADL 利得の平均が1以上
  - **加算（Ⅱ）** □ 調整済 ADL 利得の平均が3以上

【算定期間等】

- □ 評価対象期間満了月の翌月から12ケ月に限り算定しているか
- □ ADL 維持等加算（Ⅰ）と ADL 維持等加算（Ⅱ）を同時に算定していないか

第 2 章　介護報酬の算定要件

1　ADL 維持等加算（Ⅰ）（Ⅱ）

【対象者・ADL 評価の実施】

- 本加算の算定に当たっては、**施設を 6 ケ月以上利用している入所者（評価対象者）の総数が 10 人以上**いることが必要です。
- 途中でサービスを利用しない月があったとしても、その月を除いて 6 ケ月以上サービスを利用していれば評価対象者に含まれます。
- **施設の利用開始月と、利用開始月の翌月から起算して 6 ケ月目に ADL 値を測定**します。6 ケ月目にサービスの利用がない場合は、サービスの利用があった最終の月とします。
- ADL の評価は一定の研修を受けた者が Barthel Index（BI）を用いて行い、その評価に基づく値（ADL 値）を測定します。評価する者が受ける「研修」は、さまざまな主体が実施する BI の測定方法の研修のほか、厚生労働省が作成する BI のマニュアルや測定の動画等で測定方法を学習することも含まれます。
  - ➡ Barthel Index については、「**参考　Barthel Index（バーセルインデックス）**」94頁を参照
- **ADL 値の提出は、LIFE（科学的介護情報システム）を用いて行います。**ADL 値を測定した月の翌月 10 日までに、評価対象者全員の ADL 値を提出します。
  - ➡ LIFE への情報の提出頻度については、「**解説　LIFE への情報の提出頻度**」90頁を参照
- 令和 6 年度は、令和 6 年 3 月以前より ADL 維持等加算（Ⅱ）を算定している場合、ADL 利得にかかわらず、評価対象期間満了月の翌月から 12 ケ月に限り算定を継続することができます。
- 評価対象者の調整済 ADL 利得について、ADL 維持等加算（Ⅰ）の場合は平均が 1 以上、ADL 維持等加算（Ⅱ）の場合は 3 以上である必要があります。
  - ➡ 調整済 ADL 利得については、「**解説　調整済 ADL 利得の平均**」95頁を参照

【算定期間等】

- 評価対象期間は加算算定の届出日から 12 ケ月後までの期間です。その期間の満了月の翌月から 12 ケ月以内に限り算定可能です。

（12）常勤専従医師配置加算

　施設において常勤・専従の医師を 1 人以上配置している場合に算定する加算です。

○**常勤専従医師配置加算　　1 日につき 25 単位を加算**

〈チェック事項〉

1　常勤専従医師配置加算

☐　常勤・専従の医師を 1 人以上配置しているか

☐　入所者が 100 人以上の施設の場合は、医師の配置について、次のいずれ
　　にも該当しているか

a　常勤・専従で 1 人以上

b　常勤換算方法で入所者 100 人に対して 1 人以上

1　常勤専従医師配置加算

● **常勤・専従の医師を 1 人以上配置**している場合（入所者 100 人を超える場合
かつ入所者 100 人に対して 1 人以上）に加算します。

● 同一建物内でユニット型と従来型の施設が併設され一体的に運営されており、
双方の施設で 1 人の医師により適切な健康管理及び療養上の指導が実施されて
いる場合には、双方の施設での算定が可能です。

第2章　介護報酬の算定要件

解説　LIFEへの情報の提出頻度

　LIFE（科学的介護情報システム）は、介護施設・事業所で記録されているさまざまな情報のうち、入所者の状態やケアの計画・内容などに関する情報を収集し、蓄積した全国のデータに基づいてフィードバックを提供するシステムで、2021年より導入されました。LIFEへの情報提供が算定要件とされている加算がいくつかありますが、その提出頻度は加算によって異なります。

　以下に主な加算のLIFEへの情報の提出頻度をまとめています。

（1）個別機能訓練加算（Ⅱ）・（Ⅲ）

　入所者ごとに、**a**〜**c**の月の翌月10日までに提出します。

情報提出頻度		提出情報の時点
a	新規に個別機能訓練計画の作成を行った月	作成時の情報
b	個別機能訓練計画の変更を行った月	変更時の情報
c	**a**又は**b**のほか、少なくとも3ケ月に1回	前回提出時以降の情報

（2）ADL維持等加算

　入所者ごとに、**a**・**b**の月の翌月10日までに提出します。

情報提出頻度	
a	評価対象利用開始月
b	評価対象利用開始月の翌月から6ケ月目※

※評価対象利用開始月の翌月から6ケ月目にサービスの利用がない場合は、サービスの利用があった最終の月

（3）短期集中リハビリテーション実施加算（Ⅰ）

　入所者ごとに、**a**・**b**の月の翌月10日までに提出します。

情報提出頻度	
a	施設入所月
b	施設入所月から起算して3ケ月目の月まで、少なくとも1ケ月に1回

解説　LIFEへの情報の提出頻度

(4) かかりつけ医連携薬剤調整加算（Ⅱ）

入所者ごとに、**a**～**d**の月の翌月10日までに提出します。

情報提出頻度		提出情報の時点
a	施設入所月	入所時の情報
b	処方内容に変更が生じた月	変更時の情報
c	**a**又は**b**の月のほか、少なくとも3ケ月に1回	前回提出時以降の情報
d	施設退所月	退所時の情報

(5) リハビリテーションマネジメント計画書情報加算

個別機能訓練加算（Ⅱ）と同じ（「(1) 個別機能訓練加算（Ⅱ）・(Ⅲ)」を参照）

(6) 褥瘡マネジメント加算

入所者ごとに、**a**～**c**の月の翌月10日までに提出します。

情報提出頻度		提出情報の時点
a	加算の算定開始月にサービスを利用している入所者（既入所者）：算定開始月	施設入所時の評価の情報（介護記録等に基づく）、算定開始時の情報
b	加算の算定開始月の翌月以降にサービスを開始した入所者（新規入所者）：サービスの利用開始月	サービスの利用開始時の情報
c	褥瘡の発生のリスクに評価を行った月（評価は少なくとも3ケ月に1回行う）	評価時の情報

(7) 排せつ支援加算

褥瘡マネジメント加算と同じ（「(6) 褥瘡マネジメント加算」を参照）

(8) 自立支援促進加算

褥瘡マネジメント加算と同じ（「(6) 褥瘡マネジメント加算」を参照）

(9) 栄養マネジメント強化加算

個別機能訓練加算（Ⅱ）と同じ（「(1) 個別機能訓練加算（Ⅱ）・(Ⅲ)」を参照）

(10) 口腔衛生管理加算（Ⅱ）

個別機能訓練加算（Ⅱ）と同じ（「(1) 個別機能訓練加算（Ⅱ）・(Ⅲ)」を参照）

第 2 章　介護報酬の算定要件

（11）科学的介護推進体制加算

　入所者ごとに、**a ～ d** の月の翌月 10 日までに提出します。

情報提出頻度	提出情報の時点
a　加算の算定開始月にサービスを利用している入所者（既入所者等）：算定の開始月	算定開始時の情報
b　加算の算定開始月の翌月以降にサービスを開始した入所者（新規入所者）：サービスの利用開始月	サービスの利用開始時の情報
c　**a** 又は **b** のほか、少なくとも３ケ月に１回	前回提出時以降の評価時点の情報
d　サービス利用の終了月	サービスの利用終了時の情報

> **ポイント　データ提出のタイミングはそろえられる！**
>
> 　LIFE へのデータ提出については、算定する加算によって入力のタイミングが違うなど、管理が煩雑であることが問題視されていたことから、令和６年度の介護報酬改定において、データ提出頻度が「少なくとも３ケ月に１回」に統一されました。これにより、**科学的介護推進体制加算と排せつ支援加算、自立支援促進加算の提出サイクルが６ケ月から３ケ月に変更**されています。
>
> 　また、同一入所者に複数の加算を算定する場合にデータ提出の時期を統一できるように、一定の条件の下で提出期限を猶予されます。
>
> 　具体的には、科学的介護推進体制加算・褥瘡マネジメント加算・排せつ支援加算・自立支援促進加算の新規入所者については、月末よりサービス利用を開始する場合で入所者の評価を行う時間が確保できない場合などは、利用開始月の翌々月の 10 日までに提出することも認められています。これによって、他の加算と評価やデータ提出のタイミングをそろえることができます。その場合、その入所者については、利用開始月のサービス提供分は算定できません。

解説　LIFEへの情報の提出頻度

注意！ 情報の提出ができない場合

　情報を提出すべき月に情報の提出ができない場合は、ただちに都道府県等に届出を提出しなければなりません。その場合、情報が提出できないという事実が生じた月のサービス提供分から情報の提出が行われた月の前月までの間、入所者全員について加算の算定ができません。

　例えば、4月の情報を5月10日までに提出できない場合は、ただちに届出の提出が必要で、4月サービス提供分から加算の算定ができないことになります。

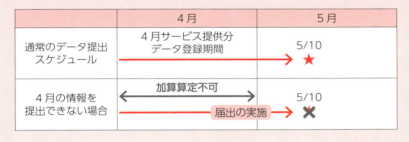

第2章　介護報酬の算定要件

参考　Barthel Index（バーセルインデックス）

　食事、車いすからベッドへの移乗、整容などの10項目から構成されるADL
の評価指標です。各項目について「自立」、「部分介助」、「全介助」の3段階で
評価し、100点満点としています。

項目	点数	判定基準
食事	10点	自立、手の届くところに食べ物を置けば、トイレあるいはテーブルから1人で摂食可能、必要なら介助器具をつけることができ、適切な時間食事が終わる
	5点	食べ物を切る等、介助が必要
	0点	全介助
移乗	15点	自立、車椅子で安全にベッドに近づき、ブレーキをかけ、フットレストを上げてベッドに移り、臥位になる。再び起きて車椅子を適切な位置に置いて、腰掛ける動作がすべて自立
	10点	どの階段かで、部分介助あるいは監視が必要
	5点	座ることはできるが、移動は全介助
	0点	全介助
整容	5点	自立（洗面、歯磨き、整髪、ひげそり）
	0点	全介助
トイレ動作	10点	自立、衣服の操作、後始末を含む。ポータブル便器を用いているときは、その洗浄までできる
	5点	部分介助、体を支えたり、トイレットペーパーを用いることに介助
	0点	全介助
入浴	5点	自立（浴槽につかる、シャワーを使う）
	0点	全介助
歩行	15点	自立、45m以上平地歩行可、補装具の使用はかまわないが、車椅子、歩行器は不可
	10点	介助や監視が必要であれば、45m平地歩行可
	5点	歩行不能の場合、車椅子をうまく操作し、少なくとも45mは移動できる
	0点	全介助
階段昇降	10点	自立、手すり、杖などの使用はかまわない
	5点	介助または監視を要する
	0点	全介助
着替え	10点	自立、靴、ファスナー、装具の着脱を含む
	5点	部分介助を要するが、少なくとも半分以上の部分は自分でできる。適切な時間内にできる
	0点	全介助
排便コントロール	10点	失禁なし、浣腸、座薬の取り扱いも可能
	5点	時に失禁あり、浣腸、座薬の取り扱いに介助を要する
	0点	全介助
排尿コントロール	10点	失禁なし
	5点	時に失禁あり、収尿器の取り扱いに介助を要する場合も含む
	0点	全介助

出典：「介護予防マニュアル【第4版】」（令和4年3月）エビデンスを踏まえた介護予防マニュアル改訂委
　　員会、株式会社野村総合研究所　エビデンスを踏まえた介護予防マニュアル改訂に関する研究事業

解説　調整済 ADL 利得の平均

解説　調整済 ADL 利得の平均

　ADL 維持等加算においては、評価対象者の調整済 ADL 利得について、ADL
維持等加算（Ⅰ）の場合は平均が 1 以上、ADL 維持等加算（Ⅱ）の場合は平均
が 3 以上という要件があります。

　この「調整済 ADL 利得の平均」の求め方は、次の通りです。

● 調整済 ADL 利得

　ADL 利得は、評価対象利用開始月の翌月から起算して 6 ケ月目の月に測定し
た ADL 値から、評価対象利用開始月に測定した ADL 値を控除して得た値に、
次の表の左欄の評価対象利用開始月に測定した ADL 値に応じてそれぞれ同表の
右欄に掲げる調整値を加えた値を平均して得た値になります。

評価対象利用開始月に測定した ADL 値	調整値
ADL 値が 0 以上 25 以下	3
ADL 値が 30 以上 50 以下	3
ADL 値が 55 以上 75 以下	4
ADL 値が 80 以上 100 以下	5

● 調整済 ADL 利得の平均

　加算の要件となる「調整済 ADL 利得の平均」は、入所者全員の平均ではなく、
ADL 利得の多い順に上位 10％と下位 10％を除いた入所者で計算します。つま
り、「調整済 ADL 利得」の値の上位と下位のそれぞれ 1 割の入所者を除いた、
8 割の入所者で平均を計算します。

　加算を取得する月の前年の同月に、基準に適合しているものとして都道府県知
事に届け出ている場合は、届出の日から 12 ケ月後までの期間が評価対象期間と
なります。

　令和 6 年度については、令和 6 年 3 月以前より ADL 維持等加算（Ⅱ）を算
定している場合、ADL 利得にかかわらず、評価対象期間満了月の翌月から 12
ケ月に限り算定を継続することができます。

第 2 章　介護報酬の算定要件

（13）精神科医師定期的療養指導加算

認知症の入所者が 3 分の 1 以上を占める施設で、精神科医による月 2 回以上の定期的な療養指導を行っている場合に算定する加算です。

○**精神科医師定期的療養指導加算　　1 日につき 5 単位を加算**

〈チェック事項〉

1 入所者等

☐ 認知症の入所者の割合が全入所者の 3 分の 1 以上であるか
☐ 対象となる認知症の入所者は次のいずれかに該当しているか
   a　医師が認知症と診断している
   b　旧措置入所者で認知症老人介護加算の対象者
☐ 常勤専従医師配置加算を算定していないか

2 療養指導

☐ 精神科担当医師が月 2 回以上定期的に療養指導を実施しているか
☐ 配置医師が精神科担当医師を兼ねる場合、勤務する回数のうち 5 回目以降を算定対象としているか
☐ 療養指導の記録等を残しているか

右上: 1 介護老人福祉施設

1 入所者等

- 認知症の入所者が全入所者の3分の1以上を占め、精神科を担当する医師による定期的な療養指導が月に2回以上行われていることが算定要件です。本加算を算定する場合は、常に、認知症の入所者の数を把握する必要があります。
- 「旧措置入所者で認知症老人介護加算の対象者」とは、従来の認知症老人介護加算※の対象者です。この場合は、医師の診断は必要ありません。

  ※ 「老人福祉法による特別養護老人ホームにおける認知症老人等介護加算制度について」(平成6年9月30日老計第131号) における認知症老人介護加算

- 常勤専従医師配置加算を算定している場合は、本加算は算定できません。

2 療養指導

- 「精神科担当医師」は、医療機関の精神科医、精神科の担当経歴のある医師、精神保健指定医の指定を受けている医師など、専門性が担保されていると判断できれば算定できます。
- 配置医師(嘱託医)が本加算の療養指導を行う精神科担当医師を兼ねる場合は、配置医師として勤務する回数の**月4回までは加算の算定の対象外**となります。したがって、月6回以上勤務した場合に算定が可能になります。
- 入所者に対し療養指導を行った記録等を残しておく必要があります。

第 2 章　介護報酬の算定要件

（14）障害者生活支援体制加算

　視覚障害者等の入所者が一定の割合を超える施設において、常勤の障害者生活支援員を配置している場合に算定する加算です。

○障害者生活支援体制加算（Ⅰ）　　1 日につき 26 単位を加算
○障害者生活支援体制加算（Ⅱ）　　1 日につき 41 単位を加算

〈チェック事項〉

1 障害者生活支援体制加算（Ⅰ）

□ 施設の入所者について次のいずれかに該当するか
　　a　視覚障害者等の入所者が 15 人以上
　　b　全入所者のうち視覚障害者等の入所者の割合が 30％以上
□ 常勤・専従の障害者生活支援員を 1 人以上配置しているか
□ 視覚障害者等の入所者が 50 人を超える施設は、障害者生活支援員の配置について次のいずれにも該当しているか
　　a　常勤・専従で 1 人以上
　　b　常勤換算方法で視覚障害者等の入所者 50 人に対して 1 人以上
□ 障害者生活支援員は必要な要件を満たしているか

2 障害者生活支援体制加算（Ⅱ）

□ 全入所者のうち視覚障害者等の入所者の割合が 50％であるか
□ 常勤・専従の障害者生活支援員を 2 人以上配置しているか
□ 視覚障害者等の入所者が 50 人を超える施設は、障害者生活支援員の配置について次のいずれにも該当しているか
　　a　常勤・専従で 2 人以上
　　b　常勤換算方法で視覚障害者等の入所者 50 人に対して 1 人以上
□ 障害者生活支援員は必要な要件を満たしているか
□ 障害者生活支援体制加算（Ⅰ）を算定していないか

1 介護老人福祉施設

1 障害者生活支援体制加算 （Ⅰ）・**2** 障害者生活支援体制加算 （Ⅱ）

- 「視覚障害者等の入所者」は、次のいずれかに該当する入所者をいいます。
    - a　視覚障害者：身体障害者手帳1級・2級程度
    - b　聴覚障害者：身体障害者手帳2級程度
    - c　言語機能に重度の障害のある者：身体障害者手帳3級程度
    - d　知的障害者：療育手帳でA（重度）程度
    - e　精神障害者：精神障害者保健福祉手帳1級・2級程度
- 「障害者生活支援員」は、入所者の障害の種類に応じて、次に該当する者を配置することが望ましいとされています。
    - a　視覚障害：点字の指導、点訳、歩行支援等ができる者
    - b　聴覚障害・言語機能障害：手話通訳等ができる者
    - c　知的障害：知的障害者福祉司と同等の資格保有者、知的障害者援護施設の指導員、看護師等で入所者の処遇実務経験5年以上
    - d　精神障害：精神保健福祉士、精神保健福祉相談員と同等の資格保有者
- ただし、例えば、視覚障害に対応できる常勤・専従の障害者生活支援員に加えて、他の障害に対応できる非常勤職員を配置したり、他の職種が兼務したりすることで適切な支援ができれば、本加算の要件を満たすとされています。
- 障害者生活支援体制加算（Ⅰ）を算定している場合は、障害者生活支援体制加算（Ⅱ）は算定できません。

99

第 2 章　介護報酬の算定要件

（15）退所前訪問相談援助加算

　入所者が施設退所後に生活する居宅等での生活に円滑に移行できるように、入所者の退所に先立って居宅を訪問し、居宅サービスの利用について相談援助を行った場合に算定する加算です。

　〇退所前訪問相談援助加算　460 単位を加算（入所中 1 回（又は 2 回）を限度）

〈チェック事項〉

1 基本事項

□ 対象者の入所期間は 1 ケ月を超えているか（見込みも含む）

□ 入所者 1 人につき 1 回の算定に限っているか

　（入所後早期に訪問相談援助の必要がある場合は 2 回も可能）

□ 入所者が次に該当する場合に算定していないか

　a　退所して病院・診療所へ入院する場合

　b　退所して他の介護保険施設へ入所する場合

　c　死亡退所の場合

2 訪問相談援助

□ 退所に先立って、退所後の居宅サービス等について訪問相談援助を行っているか

□ 相談援助は、介護支援専門員、生活相談員、看護職員、機能訓練指導員、医師のいずれかが入所者の退所後の居宅等を訪問して行っているか

□ 入所者とその家族等のいずれにも訪問相談援助を行っているか

□ 相談援助の実施日、内容の記録を整備しているか

1 介護老人福祉施設

1 基本事項

● 本加算は、入所期間が1ケ月を超えると見込まれる入所者の退所に先立って、入所者が退所後生活する居宅等を訪問して退所後の居宅サービス等について相談援助を行った場合に算定するものです。

● 算定は入所中1回に限られますが、入所後早期に退所に向けた訪問相談援助の必要がある入所者には2回の算定が認められます。この場合、1回目の訪問相談援助は退所を念頭においた施設サービス計画策定に当たって行われるもので、2回目は退所後の在宅での生活に向けた最終調整のために行われます。

● 入所者が退所後に病院・診療所や介護保険施設に入院等をする場合は算定できませんが、他の社会福祉施設等（病院、診療所、介護保険施設を除く）に入所する場合は、入所者の同意を得て施設等を訪問し、連絡調整や情報提供等を行うことで算定が可能となります。

2 訪問相談援助

● 退所前訪問相談援助は、介護支援専門員、生活相談員、看護職員、機能訓練指導員、医師が協力して行います。

● 訪問相談援助を行った場合は、相談援助を行った日、相談援助の内容の要点について記録を残す必要があります。

101

第 2 章　介護報酬の算定要件

（16）退所後訪問相談援助加算

　　入所者が施設退所後に生活する居宅等での生活に円滑に移行できるように、退所後に入所者の居宅を訪問し、居宅サービスの利用に関して相談援助を行った場合に算定する加算です。

　○退所後訪問相談援助加算　　460 単位を加算（退所後 1 回を限度）

〈**チェック事項**〉

1 基本事項

☐ 入所者 1 人につき 1 回の算定に限っているか

☐ 入所者が次に該当する場合に算定していないか

　　a　退所して病院・診療所へ入院する場合

　　b　退所して他の介護保険施設へ入所する場合

　　c　死亡退所の場合

2 訪問相談援助

☐ 入所者の退所後 30 日以内に入所者の居宅等を訪問し、相談援助を行っているか

☐ 相談援助は、介護支援専門員、生活相談員、看護職員、機能訓練指導員、医師のいずれかが、入所者の退所後の居宅等を訪問して行っているか

☐ 入所者とその家族等のいずれにも訪問相談援助を行っているか

☐ 相談援助の実施日、内容の記録を整備しているか

1 介護老人福祉施設

1 基本事項

● 本加算は、入所者の退所後 30 日以内に入所者の居宅を訪問し、入所者とその家族等に療養上の指導を行った場合に、退所後 1 回を限度として算定します。
● 入所者が退所後に病院・診療所や介護保険施設に入院等をする場合は算定できませんが、他の社会福祉施設等（病院、診療所、介護保険施設を除く）に入所する場合は、入所者の同意を得て施設等を訪問し、連絡調整や情報提供等を行うことで算定が可能となります。

2 訪問相談援助

● 相談援助は、介護支援専門員、生活相談員、看護職員、機能訓練指導員、医師が協力して行います。
● 相談援助を行った場合は、相談援助を行った日、相談援助の内容の要点について記録を残す必要があります。

第 2 章　介護報酬の算定要件

（17）退所時相談援助加算

　入所者が在宅復帰する際、居宅サービス等の利用につなげるために退所時の相談援助を行った場合に算定する加算です。

　○**退所時相談援助加算　　400 単位を加算**

〈**チェック事項**〉

1 基本事項

□ 対象者の入所期間は 1 ケ月を超えているか（見込みも含む）

□ 対象者は退所後に居宅で居宅サービス等の利用を予定しているか

□ 入所者 1 人につき 1 回の算定に限っているか

□ 入所者が次に該当する場合に算定していないか

　　a　退所して病院・診療所へ入院する場合

　　b　退所して他の介護保険施設へ入所する場合

　　c　死亡退所の場合

2 退所時相談援助

□ 退所時に退所後の居宅サービス等についての相談援助を行っているか

□ 相談援助は、介護支援専門員、生活相談員、看護職員、機能訓練指導員、医師が協力して行っているか

□ 退所日から 2 週間以内に、次のいずれかに入所者の情報を提供しているか

　　a　市区町村

　　b　老人介護支援センター

　　c　地域包括支援センター

□ 情報提供に当たって入所者の同意を得ているか

□ 退所者とその家族のいずれにも相談援助を行っているか

□ 相談援助の実施日、内容の記録を整備しているか

1 介護老人福祉施設

1 基本事項

- 本加算の対象となるのは、1ケ月以上入所しており、退所後に居宅サービス等の利用予定がある入所者です。
- 入所者が退所後に病院・診療所や介護保険施設に入院等をする場合は算定できませんが、他の社会福祉施設等（病院、診療所、介護保険施設を除く）に入所する場合は、入所者の同意を得て施設等を訪問し、連絡調整・情報提供等を行うことで算定が可能となります。

2 退所時相談援助

- 退所時相談援助の内容は、次の通りです。
  - a　食事、入浴、健康管理など在宅等における生活に関する相談援助
  - b　退所者の運動機能や日常生活動作能力の維持・向上を目的として行う各種訓練等に関する相談援助
  - c　家屋の改善に関する相談援助
  - d　退所者の介助方法に関する相談援助
- 相談援助は、介護支援専門員、生活相談員、看護職員、機能訓練指導員、医師が協力して行います。
- 相談援助を行った場合は、相談援助を行った日、相談援助の内容の要点について記録を残す必要があります。

105

第 2 章　介護報酬の算定要件

（18）退所前連携加算

　入所者の在宅復帰の促進のため、居宅介護支援事業者と連携して退所後の居宅サービス等の利用について調整を行った場合に算定します。

○退所前連携加算　　500 単位を加算

〈チェック事項〉

1 基本事項

□ 対象者の入所期間は 1 ケ月を超えているか
□ 対象者は退所後に居宅で居宅サービス等の利用を予定しているか
□ 入所者 1 人につき 1 回の算定に限っているか
□ 入所者が次に該当する場合に算定していないか
　a　退所して病院・診療所へ入院する場合
　b　退所して他の介護保険施設へ入所する場合
　c　死亡退所の場合

2 退所前連携

□ 入所者の退所に先立って、居宅介護支援事業者に入所者が居宅サービス等を利用するのに必要な情報を提供しているか
□ 居宅介護支援事業者と連携して、退所後の居宅サービス等の利用に関する調整を行っているか
□ 情報提供に当たって入所者の同意を得ているか
□ 退所前連携は、介護支援専門員である計画作成担当者と介護職員等が協力して行っているか
□ 連携実施日、連携の内容の記録を整備しているか

1 介護老人福祉施設

1 基本事項

- 本加算の対象となるのは、1ケ月以上入所しており、退所後に居宅サービスや地域密着型サービスの利用予定がある入所者です。
- 入所者が退所後に病院・診療所や介護保険施設に入院等をする場合は算定できませんが、社会福祉施設等に入所する場合は、入所者の同意を得て施設等を訪問し、連絡調整・情報提供等を行うことで算定が可能となります。
- 在宅・入所相互利用加算の対象となる入所者について本加算を算定する場合は、最初に在宅期間に移るときにのみ算定が可能です。

2 退所前連携

- 入所者の退所に先立って、入所者が利用を希望する居宅介護支援事業者に対して、入所者の介護状況を示す文書を添えて、入所者が居宅サービス又は地域密着型サービスを利用するのに必要な情報を提供します。
- 退所前連携は、介護支援専門員、生活相談員、看護職員、機能訓練指導員、医師が協力して行います。
- 退所前連携を行った場合は、連携実施日、連携の内容の要点を記録します。

第2章　介護報酬の算定要件

（19）特別通院送迎加算

　定期的かつ継続的に透析を必要とする入所者で、家族や病院等による送迎が困難である等のやむを得ない事由があり、施設職員が月12回以上の送迎を行った場合を評価する加算です。

○特別通院送迎加算　　1ケ月につき594単位を加算

〈チェック事項〉

> **1 特別通院送迎加算**
>
> □ 対象者は透析を必要とする入所者か
> □ 対象者は入所者の家族や病院等による送迎が困難である等のやむを得ない事情があるか
> □ 1ケ月に12回以上、通院のため送迎を行ったか

1 特別通院送迎加算

- 本加算は、施設外において透析が必要な入所者が、家族等による送迎ができない、送迎サービスを実施していない病院又は診療所を利用している場合等のやむを得ない事情により、施設職員が送迎を行った場合に算定できるものです。透析以外の目的による通院送迎は当該加算のための回数に含めません。
- 「1ケ月に12回以上、通院のため送迎を行った」とは往復で1回と考えます。
- 施設の送迎車等の使用が困難なため、介護タクシー等外部の送迎サービスを利用した場合、施設職員が付き添った場合に限り、算定のための回数に含められます。
- 透析のための定期的な通院送迎であれば、あわせて他の診療科を受診した場合であっても、加算の算定のための回数に含められます。

1 介護老人福祉施設

（20） 配置医師緊急時対応加算

　配置医師が施設の求めに応じ、早朝・夜間・深夜又は配置医師の通常の勤務時間外（早朝・夜間及び深夜を除く）に施設を訪問して入所者に診療を行った場合に算定する加算です。

○**配置医師緊急時対応加算**　通常の勤務時間外　1 回につき　　325 単位を加算
　　　　　　　　　　　　　　　早朝・夜間　　　　1 回につき　　650 単位を加算
　　　　　　　　　　　　　　　深夜　　　　　　　1 回につき 1,300 単位を加算

〈チェック事項〉

1 医師との連携体制

□ 次の事項について配置医師と施設の間で具体的な取決めをしているか
　a　入所者に対する注意事項や病状等についての情報共有
　b　曜日や時間帯ごとの医師との連絡方法
　c　診療を依頼する場合の具体的な状況等
□ 上記の取決めについて 1 年に 1 回以上見直しをしているか
□ 次のいずれかにより医師が 24 時間対応できる体制を確保しているか
　a　複数名の配置医師の配置
　b　配置医師と協力医療機関の医師の連携
□ 看護体制加算（Ⅱ）を算定しているか

1 医師との連携体制

● 配置医師が施設の求めに応じ、**早朝、夜間、深夜又は配置医師の通常の勤務時間外（早朝、夜間、深夜は除く）に施設を訪問**して入所者に対し診療を行い、かつ、診療を行った理由を記録した場合に算定されます。
● 看護体制加算（Ⅱ）を算定していない場合は、算定できません。
● 配置医師と施設との取決めについては、その内容を記載する様式は定められていません。配置医師と施設との契約書、覚書等の任意の書式で差し支えありませんので、チェック事項の **a ～ c** の内容について具体的に取り決めます。

109

第 2 章　介護報酬の算定要件

〈チェック事項〉

2 緊急時対応

☐ 施設の求めに応じ、通常の勤務時間外・早朝・夜間・深夜に配置医師が施設を訪問して入所者に診療を行った場合に算定しているか

☐ 事前に氏名等を届け出た配置医師が実際に施設に訪問して、診察を行った場合に算定しているか

☐ 診療の開始時刻は加算の対象となる時間帯であるか

　早朝：午前 6 時から午前 8 時まで

　夜間：午後 6 時から午後 10 時まで

　深夜：午後 10 時から午前 6 時まで

　通常の医師の勤務時間外：あらかじめ定められた配置医師が施設で勤務する時間以外の時間（早朝・夜間・深夜を除く）

☐ 診療を行った理由を記録しているか

2　緊急時対応

- 本加算は、入所者の看護・介護をする職員等が、配置医師に電話等で施設への訪問を依頼し、それに応じて配置医師が速やかに施設に赴き診療を行った場合に算定するもので、定期的あるいは計画的に施設を訪問して診療した場合には算定できません。

- 事前に氏名等を届け出た配置医師が、実際に訪問し診察を行ったときに限り算定できます。協力医療機関の医師が対応したときは算定できません。

- 施設が診療を依頼した時間、配置医師が診療を行った時間、診療の内容について記録を残す必要があります。

- 本加算は、**診療の開始時刻が加算の対象となる時間帯にある場合**に算定が可能です。診療時間が長時間にわたる場合に、加算対象となる時間帯の診療時間が全体の診療時間に占める割合がごくわずかであれば算定できません。

- 「通常の勤務時間外」とは、配置医師が施設に勤務する時間以外の時間で、早朝・夜間・深夜は除きます。「配置医師が施設で勤務する時間」は、配置医師と施設の間であらかじめ定められている時間に限ります。

110

（21）看取り介護加算

　看護師等との連携や指針の整備など看取りの体制を整え、実際に看取りを行った場合に算定します。

○看取り介護加算（1日につき）

	看取り介護加算（Ⅰ）	看取り介護加算（Ⅱ）
死亡日以前 31 日以上 45 日以下	72 単位	72 単位
死亡日以前 4 日以上 30 日以下	144 単位	144 単位
死亡日以前 2 日又は 3 日	680 単位	780 単位
死亡日	1,280 単位	1,580 単位

〈チェック事項〉

1 看取り介護加算（Ⅰ）

【基本事項】

☐ 対象者について、医師が回復の見込みがないと診断しているか

☐ 退所した翌日から死亡日までの間に算定していないか

☐ 死亡日を含めて 45 日以下で算定しているか

【体制】

☐ 常勤の看護師を 1 人以上配置しているか

☐ 施設又は外部の看護職員と連携して 24 時間連絡体制を確保しているか

☐ 看取りに関する指針を定め、入所時に本人又は家族等に内容を説明し、同意を得ているか

☐ 多職種で協議の上、適宜、看取りに関する指針の見直しを行っているか

☐ 看取りに関する職員研修を行っているか

☐ 多床室の入所者に看取りを行う際には個室又は静養室を利用しているか

【看取り】

☐ 医師等が共同で介護計画を作成しているか

☐ 介護計画について医師等が本人又は家族に説明し、同意を得ているか

☐ 看取りに関する指針に基づき、入所者の状態又は家族の求め等に応じて、随時、本人又は家族に具体的な介護について説明し、同意を得ているか

☐ 入所者に関する記録を活用した説明資料の作成と写しの提供はあるか

第 2 章　介護報酬の算定要件

❶　看取り介護加算（Ⅰ）

● 本加算は、看取り介護の体制構築・強化を PDCA サイクルにより推進することを要件として、手厚い看取り介護の実施を図る加算です。

Plan：看取りに関する指針を定めることで方針を明確化する

Do：医師の判断を前提として介護計画に基づいて支援を行う

Check：多職種が参加するケアカンファレンスを通じて、看取り介護の検証や職員の精神的負担の把握と支援を行う

Action：看取りに関する指針と実施体制について見直しを行う

【基本事項】

● 算定対象となる入所者は、医師が医学的知見に基づいて回復の見込みがないと診断した人であることが要件です。

● 死亡前に自宅へ戻ったり、医療機関へ入院したりして自宅や入院先で死亡した場合でも算定できますが、**退所日の翌日から死亡日までの間は算定できません。**したがって、その期間が 45 日以上あった場合は算定できません。

【体制】

● 「外部の看護職員」とは、病院、診療所、訪問看護ステーションの看護職員をいいます。

● 「多職種」とは、医師、生活相談員、看護職員、介護職員、管理栄養士、介護支援専門員、その他の職種の者をいいます。これらの職種による協議の上、施設における看取りの実績等をふまえて看取りに関する指針の見直しを行うことが必要です。

● 24 時間連絡体制については「(7) 看護体制加算」(73 頁) を参照してください。

　➡「ポイント　24時間連絡体制とは」75頁を参照

【看取り】

● 「医師等」とは、医師、生活相談員、看護職員、管理栄養士、介護支援専門員、その他の職種の者をいいます。入所者は、これらの者が共同で作成した入所者の介護計画について、内容に応じ適当な者から説明を受けて、同意している必要があります。

● 入所者については、看取り指針に基づき、介護記録等入所者に関する記録を活

用し行われる介護についての説明を受けて、同意した上で介護を受ける必要があります。

●入所者本人や家族に随時の説明をした際に口頭で同意を得た場合は、介護記録に説明日時、説明の内容、同意を得た旨を記載しておく必要があります。

●入所者が判断できる状態になく、かつ、家族の来所が見込まれない場合は、介護記録に職員間の相談日時、相談内容、入所者の状態に加え、家族と連絡をとったが施設への来所がなかった旨を記録しておきましょう。

●介護計画の作成・実施に当たっては、厚生労働省「人生の最終段階における医療・ケアの決定プロセスに関するガイドライン」等を参考にしつつ、本人の意思を尊重した医療・ケアの方針が実施できるよう、多職種が連携し、本人及び家族との必要な情報の共有に努めましょう。

●施設の**退所月と死亡月が異なる場合でも算定可能**ですが、本加算は死亡月にまとめて算定することから、施設に入所していない月にも入所者に自己負担を請求することになるため、退所の際に、退所等の翌月に亡くなった場合には前月分の一部負担の請求を行う場合があることを説明し、文書で同意を得ておくことが必要です。

●退所後に入院先の医療機関等から入所者の情報（本人の状態等）を提供してもらうことについて、退所等の際に入所者等に説明して、文書で同意を得ておく必要があります。

第 2 章　介護報酬の算定要件

〈チェック事項〉

2 看取り介護加算（Ⅱ）

□ 看取り介護加算（Ⅰ）の要件を満たしているか

□ 入所者が介護老人福祉施設内で死亡した場合に限り算定しているか

□ 看取り介護加算（Ⅰ）を算定していないか

□ 次の事項について配置医師と施設の間で具体的な取決めをしているか

    a　入所者に対する注意事項や病状等についての情報共有

    b　曜日や時間帯ごとの医師との連絡方法

    c　診療を依頼する場合の具体的な状況等

□ 次のいずれかにより医師が 24 時間対応できる体制を確保しているか

    a　複数名の配置医師の配置

    b　配置医師と協力医療機関の医師の連携

2　看取り介護加算（Ⅱ）

● 本加算は入所者が施設内で死亡した場合に限り算定します。

● 看取り介護加算（Ⅰ）を算定している場合は、算定できません。

● 配置医師と施設との取決めについては、取決め内容を記載する様式は定められていません。配置医師と施設との契約書、覚書等の任意の書式で差し支えありませんので，チェック事項 **a** ～ **c** の内容について具体的に取り決めます。

● 上記以外の事項については、「**1** 看取り介護加算（Ⅰ）」（111 頁）を参照してください。

１ 介護老人福祉施設

（22）在宅・入所相互利用加算

施設の同一の個室について、複数の入所者があらかじめ在宅期間・入所期間を定めて計画的に利用した場合に算定する加算です。

○**在宅・入所相互利用加算　　１日につき 40 単位を加算**

〈チェック事項〉

---

１ 在宅・入所相互利用加算

- ☐ 同一の個室を利用する入所者等について、あらかじめ在宅期間、入所期間を定め、文書による同意を得ているか
- ☐ 入所期間は３ケ月以内になっているか
- ☐ 介護に関する目標、方針等について入所者又は家族等に説明し、同意を得ているか
- ☐ 施設の介護支援専門員、介護職員等、在宅の介護支援専門員等との支援チームをつくっているか
- ☐ おおむね月１回、カンファレンスを実施しているか
- ☐ カンファレンスで次期在宅期間、入所期間の介護の目標・方針をまとめ、記録しているか

１　在宅・入所相互利用加算

- 在宅・入所相互利用とは、施設の同一の個室を複数の入所者があらかじめ在宅期間・入所期間を定めて計画的に利用することをいいます。１つの個室（ベッド）を何人かでシェアする形になるため、**ベッドシェアリング**とも呼ばれています。
- 同一の個室を利用する複数の入所者について、あらかじめ在宅期間・入所期間を定めて計画的に利用する必要がありますが、**入所期間は３ケ月が限度**です。
- 具体的な流れは次の通りです。
  ① 同一の個室を複数人で交互に利用する在宅・入所相互利用を開始するに当たり、在宅期間と入所期間（最長３ケ月）について、文書により同意を得る。

115

第 2 章　介護報酬の算定要件

② 施設の介護支援専門員、施設の介護職員等、在宅の介護支援専門員、在宅期間に
　対象者が利用する居宅サービス事業者等による支援チームをつくる。

③ 支援チームは、必要に応じおおむね 1 ケ月に 1 回カンファレンスを開く。

④ カンファレンスでは、それまでの在宅期間又は入所期間における対象者の心身の
　状況を報告し、目標・方針に照らした介護の評価を行うとともに、次期の在宅期
　間又は入所期間における介護の目標・方針をまとめ、記録する。

⑤ 施設の介護支援専門員と在宅の介護支援専門員の機能・役割分担については、支
　援チームの中で協議して、適切な形態を定める。

2 介護老人保健施設

（1）介護保健施設サービス費

○介護保健施設サービス費

介護保健施設サービス費			単位数（1日につき）				
			要介護1	要介護2	要介護3	要介護4	要介護5
介護保健施設サービス費（Ⅰ）							
介護保健施設サービス費（ⅰ）	従来型個室	基本型	717	763	828	883	932
介護保健施設サービス費（ⅱ）	従来型個室	在宅強化型	788	863	928	985	1,040
介護保健施設サービス費（ⅲ）	多床室	基本型	793	843	908	961	1,012
介護保健施設サービス費（ⅳ）	多床室	在宅強化型	871	947	1,014	1,072	1,125
介護保健施設サービス費（Ⅱ）〈療養型老健：看護職員を配置〉							
介護保健施設サービス費（ⅰ）	従来型個室	療養型	758	843	960	1,041	1,117
介護保健施設サービス費（ⅱ）	多床室	療養型	839	924	1,044	1,121	1,197
介護保健施設サービス費（Ⅲ）〈療養型老健：看護オンコール体制〉							
介護保健施設サービス費（ⅰ）	従来型個室	療養型	758	837	933	1,013	1,089
介護保健施設サービス費（ⅱ）	多床室	療養型	839	918	1,016	1,092	1,170
介護保健施設サービス費（Ⅳ）〈特別介護保健施設サービス費〉							
介護保健施設サービス費（ⅰ）	従来型個室	その他型	703	748	812	865	913
介護保健施設サービス費（ⅱ）	多床室	その他型	777	826	889	941	991

ユニット型介護保健施設サービス費			単位数（1日につき）				
			要介護1	要介護2	要介護3	要介護4	要介護5
ユニット型介護保健施設サービス費（Ⅰ）							
ユニット型介護保健施設サービス費（ⅰ）	ユニット型個室	基本型	802	848	913	968	1,018
ユニット型介護保健施設サービス費（ⅱ）	ユニット型個室	在宅強化型	876	952	1,018	1,077	1,130
経過的ユニット型介護保健施設サービス費（ⅰ）	ユニット型個室的多床室	基本型	802	848	913	968	1,018
経過的ユニット型介護保健施設サービス費（ⅱ）	ユニット型個室的多床室	在宅強化型	876	952	1,018	1,077	1,130
ユニット型介護保健施設サービス費（Ⅱ）〈療養型老健：看護職員を配置〉							
ユニット型介護保健施設サービス費	ユニット型個室	療養型	928	1,014	1,130	1,209	1,287
経過的ユニット型介護保健施設サービス費	ユニット型個室的多床室	療養型	928	1,014	1,130	1,209	1,287
ユニット型介護保健施設サービス費（Ⅲ）〈療養型老健：看護オンコール体制〉							
ユニット型介護保健施設サービス費	ユニット型個室	療養型	928	1,007	1,104	1,181	1,259
経過的ユニット型介護保健施設サービス費	ユニット型個室的多床室	療養型	928	1,007	1,104	1,181	1,259
ユニット型介護保健施設サービス費（Ⅳ）〈ユニット型特別介護保健施設サービス費〉							
ユニット型介護保健施設サービス費	ユニット型個室	その他型	784	832	894	948	997
経過的ユニット型介護保健施設サービス費	ユニット型個室的多床室	その他型	784	832	894	948	997

第 2 章　介護報酬の算定要件

○従来型の介護老人保健施設

　介護老人保健施設の基本報酬である介護保健施設サービス費は、居室形態と在宅復帰・在宅療養支援機能のレベルに応じて単位数が設定されています。居室形態については「多床室」「従来型個室」「ユニット型個室」「ユニット型個室的多床室」があり、介護老人福祉施設と同様になっています。

　在宅復帰・在宅療養支援機能は「基本型」「在宅強化型」「その他型」の３段階ですが、「基本型」「在宅強化型」に在宅復帰・在宅療養支援機能加算を加えることで、次の５段階の報酬体系となります。

　① 在宅強化型
　② 超在宅強化型（在宅強化型＋在宅復帰・在宅療養支援機能加算Ⅱ）
　③ 基本型
　④ 加算型（基本型＋在宅復帰・在宅療養支援機能加算Ⅰ）
　⑤ その他型

在宅強化型

・在宅復帰・在宅療養支援等指標：60 以上
・リハビリテーションマネジメント：要件あり
・退所時指導等：要件あり
・地域貢献活動：要件あり
・充実したリハ：要件あり

基本型

・在宅復帰・在宅療養支援等指標：20 以上
・リハビリテーションマネジメント：要件あり
・退所時指導等：要件あり
・地域貢献活動：要件なし
・充実したリハ：要件なし

その他型

・上記の要件を満たさないもの

	超強化型 在宅復帰・在宅療養支援加算（Ⅱ）	在宅強化型	加算型 在宅復帰・在宅療養支援機能加算（Ⅰ）	基本型	その他型 （左記以外）
在宅復帰・在宅療養支援等指標 （最高値：90）	70 以上	60 以上	40 以上	20 以上	左記の要件を満たさない
退所時指導等	要件あり	要件あり	要件あり	要件あり	
リハビリテーションマネジメント	要件あり	要件あり	要件あり	要件あり	
地域貢献活動	要件あり	要件あり	要件あり	要件なし	
充実したリハ	要件あり	要件あり	要件なし	要件なし	

　なお、「その他型」は在宅復帰・在宅療養支援機能を備えていない施設であり、一部の加算は算定できません（129 頁参照）。

118

○介護療養型老人保健施設

介護療養型老人保健施設の基本報酬は、在宅復帰・在宅療養支援機能のレベルで分けられておらず（「療養型」のみ）、施設の規模によって介護保健施設サービス費（Ⅱ）と（Ⅲ）に分かれています。

〈チェック事項　施設基準〉

1 介護保健施設サービス費

チェック事項	(Ⅰ) (ⅰ)(ⅲ) 基本型	(Ⅰ) (ⅱ)(ⅳ) 在宅強化型	(Ⅱ) 療養型 老健：看護職員を配置 (ⅰ)(ⅱ) 療養型	(Ⅲ) 療養型 老健：看護オンコール体制 (ⅰ)(ⅱ) 療養型	(Ⅳ) 特別介護保健施設サービス費 (ⅰ)(ⅱ) その他型
基本型					
□1　入所者数3人に対して1人以上の看護・介護職員を配置	○	○	○	○	○
□2　人員基準欠如減算の基準に該当しない	○	○	○	○	○
□3　退所時指導等を実施している	○	○			
□4　リハビリテーションマネジメントを実施している	○	○			
□5　在宅復帰・在宅療養支援等指標が20以上	○				
在宅強化型					
□6　在宅復帰・在宅療養支援等指標が60以上		○			
□7　地域貢献活動を実施している		○			
□8　充実したリハビリテーションを実施している		○			
療養型					
□9　転換により開設した介護老人保健施設である			○	○	
□10　前12ケ月間の（医療機関からの入所者－自宅等からの入所者）の割合が35％以上			○	○	
□11　前3ケ月間の喀痰吸引等実施者の割合が15％以上又は認知症高齢者の割合が20％以上			○	○	
□12　入所者等の合計数が40人以下				○	

2 ユニット型介護保健施設サービス費

チェック事項	(Ⅰ) (ⅰ) 基本型	(Ⅰ) (ⅱ) 在宅強化型	(Ⅱ) 療養型 老健：看護職員を配置 療養型	(Ⅲ) 療養型 老健：看護オンコール体制 療養型	(Ⅳ) 特別介護保健施設サービス費 その他型
基本型					
□1　入所者数3人に対して1人以上の看護・介護職員を配置	○	○			○
□2　人員基準欠如減算の基準に該当しない	○	○	○	○	○
□3　退所時指導等を実施している	○	○			
□4　リハビリテーションマネジメントを実施している	○	○			
□5　在宅復帰・在宅療養支援等指標が20以上	○				
在宅強化型					
□6　在宅復帰・在宅療養支援等指標が60以上		○			
□7　地域貢献活動を実施している		○			
□8　充実したリハビリテーションを実施している		○			
療養型					
□9　転換により開設した介護老人保健施設である			○	○	
□10　前12ケ月間の（医療機関からの入所者－自宅等からの入所者）の割合が35％以上			○	○	
□11　前3ケ月間の喀痰吸引等実施者の割合が15％以上又は認知症高齢者の割合が20％以上			○	○	
□12　入所者等の合計数が40人以下				○	

第 2 章　介護報酬の算定要件

【基本形】

❶ 入所者数 3 人に対して 1 人以上の看護・介護職員を配置

　　常勤換算方法で、入所者 3 人に対して 1 人以上の看護職員又は介護職員を配置している必要があります。

❷ 人員基準欠如減算の基準に該当しない

人員基準欠如減算の基準に該当していないことをいいます。

➡「(4) 人員基準欠如減算」133頁を参照

❸ 退所時指導等を実施している

a　退所時指導：入所者の居宅への退所時に、入所者とその家族等に対して、退所後の療養上の指導を行っている必要があります。

b　退所後の状況確認：施設からの退所後 30 日以内[※1]に、施設の従業者が退所者[※2]の居宅を訪問するか、居宅介護支援事業者から情報提供を受けることで、退所者の居宅での生活が継続する見込みであることを確認し、記録している必要があります。

※1 退所時に要介護 4・5 の退所者の場合は 14 日以内
※2 退所者であっても、退所直後に病院・診療所に 1 週間以内の入院をした後に退院してすぐに施設に再度入所した場合は、該当しません。

❹ リハビリテーションマネジメントを実施している

　　入所者の心身の機能の維持回復を図るため、理学療法、作業療法等のリハビリテーションを計画的に行い、適宜その評価を行っている必要があります。医師は、リハビリテーションの実施に当たり、理学療法士、作業療法士又は言語聴覚士に対して、リハビリテーションの目的に加えて、リハビリテーション開始前又は実施中の留意事項、中止基準、リハビリテーションにおける入所者に対する負荷量等のうちいずれか 1 つ以上の指示を行うことが必要です。

❺ 在宅復帰・在宅療養支援等指標が 20 以上

「在宅復帰・在宅療養支援等指標」の合計の値が 20 以上である必要があります。

➡「解説　在宅復帰・在宅療養支援等指標」123頁を参照

【在宅強化型】

❻ 在宅復帰・在宅療養支援等指標が 60 以上

「在宅復帰・在宅療養支援等指標」の合計の値が 60 以上である必要があります。

➡「解説　在宅復帰・在宅療養支援等指標」123頁を参照

2 介護老人保健施設

❼ 地域貢献活動を実施している

地域貢献活動とは、地域住民への介護予防を含む健康教室、認知症カフェ等、地域住民同士や地域住民と施設入所者との交流を図るなど、地域の高齢者に活動と参加の場を提供するものをいいます。

❽ 充実したリハビリテーションを実施している

充実したリハビリテーションとして、入所者に対し、少なくとも週3回程度の個別リハビリテーションを実施している必要があります。

【療養型】

❾ 転換により開設した介護老人保健施設である

平成18年7月1日から平成30年3月31日までの間に、病院・診療所から転換を行って開設した介護老人保健施設であることが要件です。

❿ 前12ケ月間の（医療機関からの入所者 − 自宅等からの入所者）の割合が35％以上

- 算定月の前12ケ月間の新規入所者について、次の算式で得た割合が35％以上を標準とした場合がこれに該当します（特段の事情があるときを除く）。

$$\{(医療機関を退院し入所した者) − (自宅等から入所した者)\}$$
$$÷ (新規入所者の総数) × 100 （\%）$$

- 施設において、介護療養型老人保健施設への転換以後の新規入所者の実績が12ケ月に達した時点から適用されます。
- 上記の「特段の事情」とは、次のいずれかの場合をいいます。
  - a 半径4km以内に病床を有する医療機関がない
  - b 病床数が19以下である

⓫ 前3ケ月間の喀痰吸引等実施者の割合が15％以上又は認知症高齢者の割合が20％以上

- 算定月の前3ケ月間の入所者等について、次のいずれかに該当する場合をいいます。
  - ➡「解説 前3ケ月の考え方」130頁を参照
  - a 喀痰吸引又は経管栄養実施者の割合が15％以上
  - b 著しい精神症状、周辺症状、重篤な身体疾患が見られ専門医療を必要とする認知症高齢者（認知症高齢者の日常生活自立度のランクM）の割合が20％以上
- 「入所者等」とは、介護老人保健施設の入所者と介護老人保健施設である指定短期入所療養介護事業所の利用者の合計をいいます。

第 2 章　介護報酬の算定要件

⓬ 入所者等の合計数が 40 人以下

- 入所者等の合計数が 40 人以下の施設がこれに該当します。
- 「入所者等」については、前記⓫と同様になります。

解説　在宅復帰・在宅療養支援等指標

解説　在宅復帰・在宅療養支援等指標

　「在宅復帰・在宅療養支援等指標」は、在宅復帰機能を評価する指標で、次のA～Jの10項目の配点を集計して点数を算出します。

　「介護老人保健施設（基本型・在宅強化型）の基本施設サービス費及び在宅復帰・在宅療養支援機能加算に係る届出書（別紙29-2、令和6年10月サービス提供分以降。同年9月サービス提供分までは別紙29）」の「5　在宅復帰・在宅療養支援に関する状況」が同指標の集計表になっています（124頁参照）。

A 在宅復帰率：算定月の前6ケ月間において、退所者のうち在宅で介護を受けることとなった者（入所期間が1ケ月以上の退所者に限る）の割合

　　50％超→20点／30％超50％以下→10点／30％以下→0点

B ベッド回転率：30.4を施設の平均在所日数で除した数

　　10％以上→20点／5％以上10％未満→10点／5％未満→0点

C 入所前後訪問指導割合：算定月の前3ケ月間に、入所期間が1ケ月を超えることが見込まれる者の入所予定日前30日以内、又は入所後7日以内に居宅を訪問して施設サービス計画の策定及び診療方針の決定を行った者の割合（退所後に社会福祉施設等に入所する場合を含む）　35％以上→10点／15％以上35％未満→5点／15％未満→0点

　　令和6年9月サービス提供分までは、30％以上→10点／10％以上30％未満→5点／10％未満→0点

D 退所前後訪問指導割合：算定月の前3ケ月間において、入所期間が1ケ月を超えることが見込まれる者の退所前30日以内、又は退所後30日以内に居宅を訪問し、本人及び家族に、退所後の療養上の指導を行った者の割合（退所後に社会福祉施設等に入所する場合を含む）

　　35％以上→10点／15％以上35％未満→5点／15％未満→0点

　　令和6年9月サービス提供分までは、30％以上→10点／10％以上30％未満→5点／10％未満→0点

E 居宅サービスの実施状況：訪問リハビリテーション、通所リハビリテーション、短期入所療養介護について、施設※でのサービス提供種類数

　　※併設する病院、診療所、介護老人保健施設、介護医療院を含む

　　全サービス→5点／2種類（訪問リハビリテーション含む）→3点／2種類（訪問リハビリテーション含まない）→1点／1種類・実施していない→0点

F リハ専門職員の配置割合：常勤換算方法で算定したリハビリ担当の理学療法士、作業療法士、言語聴覚士の数÷入所者数×100

　　5以上（PT、OT、STいずれも配置）→5点／5以上→3点／3以上5未満→2点／3未満→0点

123

第2章　介護報酬の算定要件

G 支援相談員の配置割合：常勤換算方法で算定した支援相談員の数÷入所者数×100

3以上かつ社会福祉士1以上→5点／3以上（社会福祉士の配置なし）→3点／

2以上3未満→1点／2未満→0点

令和6年9月サービス提供分までは、3以上→5点／2以上3未満→3点／2未満→0点

H 要介護4又は5の割合：算定月の前3ケ月間の入所者のうち、要介護4・5の者の割合

50%以上→5点／35%以上50%未満→3点／35%未満→0点

I 喀痰吸引の実施割合：算定月の前3ケ月間の入所者のうち喀痰吸引を実施された者の割合

10%以上→5点／5%以上10%未満→3点／5%未満→0点

J 経管栄養の実施割合：算定月の前3ケ月間の入所者のうち、経管栄養を実施された者の割合

10%以上→5点／5%以上10%未満→3点／5%未満→0点

● 「介護老人保健施設（基本型・在宅強化型）の基本施設サービス費及び在宅復帰・在宅療養支援機能加算に係る届出書（別紙29-2）」の「5　在宅復帰・在宅療養支援に関する状況」

5　在宅復帰・在宅療養支援に関する状況							在宅復帰・在宅療養支援等指標	
A　在宅復帰率								
	①	前6月間における居宅への退所者の延数（注1,2,3,4）	人	④	①÷（②－③）×100（注5）	%	→ 50%超	☐ 20
	②	前6月間における退所者の延数（注3,4）	人				→ 30%超50%以下	☐ 10
	③	前6月間における死亡した者の総数（注3）	人				→ 30%以下	☐ 0
B　ベッド回転率								
	①	直近3月間の延入所者数（注6）	人	④	30÷①×（②＋③）÷2×100	%	→ 10%以上	☐ 20
	②	直近3月間の新規入所者の延数（注6,7）	人				→ 5%以上10%未満	☐ 10
	③	直近3月間の新規退所者数（注8）	人				→ 5%未満	☐ 0
C　入所前後訪問指導割合								
	①	前3月間における新規入所者のうち、入所前後訪問指導を行った者の延数（注9,10,11）	人	④	①÷②×100（注12）	%	→ 35%以上	☐ 10
	②	前3月間における新規入所者の延数（注11）	人				→ 15%以上35%未満	☐ 5
							→ 15%未満	☐ 0
D　退所前後訪問指導割合								
	①	前3月間における新規退所者のうち、退所前後訪問指導を行った者の延数（注13,14,15）	人	④	①÷②×100（注16）	%	→ 35%以上	☐ 10
	②	前3月間における居宅への新規退所者の延数（注15）	人				→ 15%以上35%未満	☐ 5
							→ 15%未満	☐ 0
E　居宅サービスの実施状況								
	①	前3月間に提供実績のある訪問リハビリテーション、通所リハビリテーション及び短期入所療養介護の種類数（注17）		→			→ 3サービス	☐ 5
							→ 2サービス（訪問リハビリテーションを含む）	☐ 3
							→ 2サービス（訪問リハビリテーションを含まない）	☐ 1
							→ 1サービス以下	☐ 0
F　リハ専門職員の配置割合								
	①	前3月間における理学療法士等の当該介護保健施設サービスの提供に従事する勤務延時間数（注18）	時間	⑤	①÷②÷③×④×100		→ 5以上かつ理学療法士、作業療法士、言語聴覚士を配置（注19）	☐ 5
	②	理学療法士等が前3月に勤務すべき時間（注18,20）	時間				→ 5以上	☐ 3
	③	算定日が属する月の前3月間における延入所者数（注21）	人				→ 3以上5未満	☐ 2
	④	算定日が属する月の前3月間の日数	日				→ 3未満	☐ 0

解説　在宅復帰・在宅療養支援等指標

G	支援相談員の配置割合								
	①	前3月間において支援相談員が当該介護保健施設サービスの提供に従事する勤務延時間数（注22）	時間	→	⑤	①÷②÷③×④×100	→	3以上かつ社会福祉士1以上	☐ 5
	②	支援相談員が前3月間に勤務すべき時間（注20）	時間				→	3以上	☐ 3
	③	前3月間における延入所者数（注21）	人				→	2以上3未満	☐ 1
	④	前3月間の延日数	日					2未満	☐ 0

H	要介護4又は5の割合								
	①	前3月間における要介護4者若しくは要介護5に該当する入所者の延日数	日	→	③	①÷②×100	%	→	50%以上	☐ 5
	②	当該施設における直近3月間の入所者延日数	日					→	35%以上50%未満	☐ 3
									35%未満	☐ 0

I	喀痰吸引の実施割合								
	①	直近3月間の入所者ごとの喀痰吸引を実施した延入所者数（注23,24）	人	→	③	①÷②×100	%	→	10%以上	☐ 5
	②	当該施設における直近3月間の延入所者数	人					→	5%以上10%未満	☐ 3
									→	5%未満	☐ 0

J	経管栄養の実施割合								
	①	直近3月間の入所者ごとの経管栄養を実施した延入所者数（注23,25）	人	→	③	①÷②×100	%	→	10%以上	☐ 5
	②	当該施設における直近3月間の延入所者数	人					→	5%以上10%未満	☐ 3
									→	5%未満	☐ 0

上記評価項目（A〜J）について、項目に応じた「在宅復帰・在宅療養支援等指標」の合計値を記入	合計	

注1：当該施設における入所期間が一月間を超えて入所した者の延数をいう。
注2：居宅とは、病院、診療所及び介護保険施設を除くものである。
注3：当該施設を退所後、直ちに病院又は診療所に入院し、一週間以内に退院した後、直ちに再度当該施設に入所した者については、当該入院期間は入所期間とみなすこととする。
注4：退所後直ちに短期入所生活介護又は短期入所療養介護若しくは小規模多機能型居宅介護の宿泊サービス等を利用する者は居宅への退所者に含まない。
注5：分母（②−③の値）が0の場合、④は0％とする。
注6：入所者数は、毎日24時現在当該施設に入所中の者をいい、この他に、当該施設に入所してその日のうちに退所又は死亡した者を含むものである。
注7：新規入所者数とは、当該3月間に新たに当該施設に入所した者の数をいう。当該3月以前から当該施設に入所していた者は、新規入所者数には算入しない。
　　　また、当該施設を退所後、当該施設に再入所した者は、新規入所者として取り扱うが、当該施設を退所後、直ちに病院又は診療所に入院し、一週間以内に退院した後、直ちに再度当該施設に入所した者については、新規入所者数には算入しない。
注8：当該3月間に当該施設から退所した者の数をいう。当該施設において死亡した者及び医療機関へ退所した者は、新規退所者数に含むものである。ただし、当該施設を退所後、直ちに病院又は診療所に入院し、一週間以内に退院した後、直ちに当該施設に入所した者については、新規退所者には算入しない。
注9：居宅を訪問し、当該者及びその家族等に対して入所を目的とした施設サービス計画の策定及び診療方針の決定を行った者をいう。
　　　また、居宅とは、病院、診療所及び介護保険施設を除くものである。
注10：退所後に当該者の自宅ではなく、他の社会福祉施設等に入所する場合であって、当該者の同意を得て、当該社会福祉施設等を訪問し、退所を目的とした施設サービス計画の策定又は診療方針の決定を行った者を含む。
注11：当該施設を退所後、直ちに病院又は診療所に入院し、一週間以内に退院した後、直ちに再度当該施設に入所した者については、入所者数には算入しない。
注12：分母（②の値）が0の場合、④は0％とする。
注13：退所後往診することが見込まれる居宅を訪問し、当該者及びその家族に対して退所後の療養上の指導を行った者。
注14：退所後に当該者の自宅ではなく、他の社会福祉施設等に入所する場合であって、当該者の同意を得て、当該社会福祉施設等を訪問し、退所を目的とした施設サービス計画の策定又は診療方針の決定を行った者を含む。
注15：当該施設を退所後、直ちに病院又は診療所に入院し、一週間以内に退院した後、直ちに再度当該施設に入所した者については、当該入院期間は入所期間とみなすことはしない。
注16：分母（②の値）が0の場合、④は0％とする。
注17：当該施設と同一敷地内又は隣接若しくは近接する敷地の病院、診療所、介護老人保健施設又は介護医療院であって、相互に職員の業務や施設の共用等が行われているものにおいて、算定計日数が属する月の前3月に提供実績のある訪問リハビリテーション、通所リハビリテーション及び短期入所療養介護の種類数をいう。
注18：理学療法士等は、当該介護老人保健施設の入所者に対して主としてリハビリテーションを提供する業務に従事している理学療法士等をいう。
注19：常勤換算方法で入所者に対して主としてリハビリテーションを提供する業務に従事している理学療法士、作業療法士及び言語聴覚士のいずれかの職種か入所者の数で除した数に100を乗じた数が0.2以上であること。
注20：1週間に勤務すべき時間数が32時間を下回る場合は32時間を基本とする。
注21：毎日24時現在当該施設に入所中の者をいい、当該施設に入所してその日のうちに退所又は死亡した者を含むものである。
注22：支援相談員とは、保健医療上の相談、社会福祉上の相談を行う相当な学識経験を有し、主として次に掲げるような入所者に対する各種支援や相談の業務を行う職員をいう。
　　　① 入所者及び家族の処遇上の相談、② レクリエーション等の計画、指導、③ 市町村との連携、④ ボランティアの指導
注23：喀痰吸引及び経管栄養のいずれにも該当する者については、各々該当する欄の人数に含めること。
注24：過去1年間に喀痰吸引が実施されていた者（入所期間が1年以上である入所者にあっては、当該入所期間中（入所時を含む。）に喀痰吸引が実施されていた者）であって、口腔衛生管理加算を算定されている者又は平成27年度から令和2年度の口腔衛生管理体制加算の算定要件を満たしている者（平成26年度以前においては、口腔機能維持管理加算又は口腔機能維持管理体制加算を算定されている者及び平成27年度から令和2年度においては口腔衛生管理加算又は口腔衛生管理体制加算を算定されていた者）を含む。
注25：過去1年間に経管栄養が実施されていた者（入所期間が1年以上である者にあっては、当該入所期間中（入所時を含む。）に経管栄養が実施されていた者）であって、経口維持加算を算定している者又は管理栄養士が栄養ケア・マネジメントを実施するもの（令和2年度以前においては、経口維持加算又は栄養マネジメント加算を算定されていた者）を含む。

　　「介護給付費算定に係る体制等に関する届出等における留意点について（令和6年3月15日老発0315第1号）」の別紙29-2より抜粋

第 2 章　介護報酬の算定要件

〈チェック事項　夜勤職員の配置基準〉

1 介護保健施設サービス費（Ⅰ）・（Ⅳ）

☐ 夜勤を行う看護職員又は介護職員を 2 人以上配置しているか

※入所者等数が 40 人以下の施設で、常時、緊急時の連絡体制を整備している場合は、1 人以上の配置でよい

※次のいずれにも該当する場合は 1.6 人以上の配置でよい

a　夜勤時間帯を通じて全入所者に見守り機器を導入している

b　夜勤時間帯を通じて夜勤職員全員がインカム等の ICT 機器を使用している

c　安全体制の確保等のための事項を実施している

2 介護保健施設サービス費（Ⅱ）

☐ 夜勤を行う看護職員又は介護職員を 2 人以上配置しているか

※次のいずれにも該当する場合は 1 人以上の配置でよい

a　1 つ又は 2 つの病棟を有する病院が転換して開設した介護老人保健施設

b　病院又は夜勤職員が 1 人以上いる有床の診療所を併設している

c　併設する病院又は有床の診療所の入院患者、介護老人保健施設の入所者、短期入所療養介護の利用者の合計が 120 人以下

☐ 夜勤を行う看護職員は（入所者等の数 ÷ 41）人以上か

2 介護老人保健施設

3 介護保健施設サービス費（Ⅲ）

☐ 夜勤を行う看護職員又は介護職員を2人以上配置しているか

※常時、緊急時の連絡体制を整備している場合は、1人以上の配置でよい

※次のいずれにも該当する場合は1.6人以上の配置でよい

a 夜勤時間帯を通じて全入所者に見守り機器を導入している

b 夜勤時間帯を通じて夜勤職員全員がインカム等のICT機器を使用している

c 安全体制の確保等のための事項を実施している

※病院が転換した介護老人保健施設で、次のいずれにも該当する場合は、夜勤を行う看護職員・介護職員を置かなくてよい

a 1つ又は2つの病棟を有する病院が転換して開設した介護老人保健施設

b 病院に併設する介護老人保健施設

c 併設する病院の入院患者、介護老人保健施設の入所者、短期入所療養介護の利用者の合計が120人以下

※有床の診療所が転換して開設した介護老人保健施設で、次のいずれにも適合する場合は、夜勤を行う看護職員・介護職員を置かなくてよい

d 夜勤職員が1人以上いる有床の診療所に併設している

e 併設する診療所の入院患者、介護老人保健施設の入所者、短期入所療養介護の利用者の合計が19人以下

☐ 看護職員又は病院・診療所・訪問看護ステーションとの連携により、夜勤時間帯の連絡体制を整備し、かつ、診療の補助を行う体制を整備しているか

4 ユニット型介護保健施設サービス費（Ⅰ）・（Ⅳ）

☐ 2つのユニットごとに夜勤を行う看護職員又は介護職員を1人以上配置しているか

5 ユニット型介護保健施設サービス費（Ⅱ）

☐ 2つのユニットごとに夜勤を行う看護職員又は介護職員を1人以上配置しているか

☐ 夜勤を行う看護職員は（入所者等の数÷41）人以上か

127

第 2 章　介護報酬の算定要件

> **6 ユニット型介護保健施設サービス費（Ⅲ）**
>
> □ 2 つのユニットごとに夜勤を行う看護職員又は介護職員を 2 人以上配置しているか
> □ 看護職員又は病院・診療所・訪問看護ステーションとの連携により、夜勤時間帯の連絡体制を整備し、かつ、診療の補助を行う体制を整備しているか

1　介護保健施設サービス費（Ⅰ）・（Ⅳ）

● 入所者等数とは、介護老人保健施設の入所者と短期入所療養介護の利用者の合計数をいいます。

● 全入所者への見守り機器の導入や夜勤職員の ICT 機器利用など、一定の要件を満たしている場合は、夜勤職員の配置人数が 2 人から 1.6 人に緩和されます。

　➡ **安全体制の確保等のための事項については、「ポイント　安全体制の確保等のための事項」63 頁参照**

2　介護保健施設サービス費（Ⅱ）

● **a** は、療養病床等を有する病院・診療所から転換した介護老人保健施設で、1 つの病棟の一部のみが介護老人保健施設に転換した場合に限ります。

● **b** の診療所は、夜勤を行う看護職員・介護職員を 1 人以上配置している一般病床・療養病床を有する診療所に限ります。

● 夜勤を行う看護職員は、**1 日平均夜勤看護職員数**とします。1 日平均夜勤看護職員数は次の計算式で算出します（ユニット型介護保健施設サービス費（Ⅱ）も同様）。

> **1 ケ月の延夜勤時間数累計時間 ÷（16 ×月の日数）**
> ※小数点第 3 位以下切り捨て

　➡ **夜勤職員の員数等については、「ポイント　夜勤職員の員数」64 頁を参照**

2 介護老人保健施設

3 介護保健施設サービス費（Ⅲ）

- **a** は、療養病床等を有する病院・診療所から転換した介護老人保健施設で、1つの病棟の一部のみが介護老人保健施設に転換した場合に限ります。
- 全入所者への見守り機器の導入や夜勤職員のICT機器利用など、一定の要件を満たしている場合は、夜勤職員の配置人数が2人から1.6人に緩和されます。
  - ➡ 安全体制の確保等のための事項については、「ポイント　安全体制の確保等のための事項」63頁参照

ポイント ▶ 「その他型」（（Ⅳ）特別介護保健施設サービス費）で算定できない加算

1. 短期集中リハビリテーション実施加算
2. 認知症短期集中リハビリテーション実施加算
3. 退所時栄養情報連携加算
4. 再入所時栄養連携加算
5. 入所前後訪問指導加算
6. 試行的退所時指導加算
7. 退所時情報提供加算
8. 入退所前連携加算
9. 経口移行加算
10. 経口維持加算
11. 口腔衛生管理加算
12. かかりつけ医連携薬剤調整加算
13. 所定疾患施設療養費
14. 褥瘡マネジメント加算
15. 排せつ支援加算
16. 在宅復帰・在宅療養支援機能加算
17. 訪問看護指示加算
18. リハビリテーションマネジメント計画書情報加算
19. 自立支援促進加算
20. 科学的介護推進体制加算
21. 安全対策体制加算

129

解説　前3ケ月の考え方

「前3ケ月」の直前の月は実績ではなく予測値で計算します。
実績が出たときに予測値に達しているか確認して、算定要件を満たせないことが明らかになった場合は、加算算定を取り下げます。

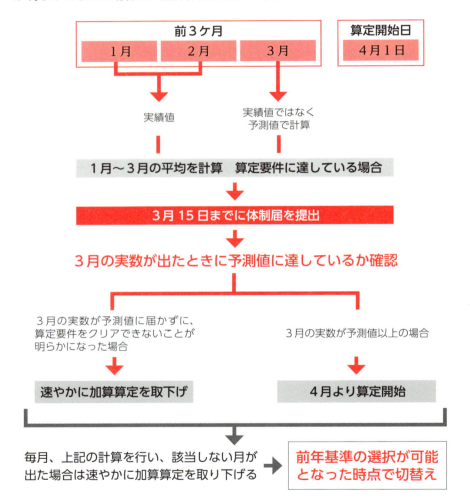

2 介護老人保健施設

（2）夜勤職員の勤務条件を満たさない場合

夜勤職員の配置基準を満たさない場合の減算です。

○夜勤職員の勤務条件を満たさない場合　　所定単位数の97％で算定

〈チェック事項〉

1　減算になる場合

□ 次のいずれかに該当する場合に減算

　a　夜勤時間帯※に夜勤職員の配置基準を満たさない状態が2日以上連続して発生した場合

　　　※午後10時から翌日の午前5時までの時間を含めた連続する16時間。原則として施設ごとに設定する。

　b　夜勤時間帯に夜勤職員の基準を満たさない状態が4日以上発生した場合

□ 介護保健施設サービス費（Ⅱ）・ユニット型介護保健施設サービス費（Ⅱ）は、夜勤を行う看護職員について、次に該当する場合に減算

　a　前月の1日平均夜勤看護職員数が夜勤職員の基準から1割を超えて不足

　b　1日平均夜勤看護職員数が夜勤職員の基準から1割の範囲内で不足している状況が過去3ケ月間継続

1　減算になる場合

● 介護保健施設サービス費の区分に応じて夜勤職員の配置基準が定められていますが、この基準を満たさない場合に減算となります。

　➡ **夜勤職員の配置基準については、126～128頁を参照**

● 具体的には、ある月にチェック事項に示すいずれかの事態が発生した場合、その翌月の入所者の全員について所定単位数が減算となります。

131

第 2 章　介護報酬の算定要件

（3）定員超過利用減算

入所者が施設の入所定員を上回る場合（いわゆる定員超過利用）は、すべての介護報酬から 30％の減額となります。

○定員超過利用減算　　所定単位数の 70％で算定

〈チェック事項〉

1 減算になる場合

□ 月平均の入所者数が入所定員を超える場合に減算

➡ 次の計算式の値が、運営規程に定める入所定員数を超えている場合に減算
１ケ月間（暦月）の全入所者の延数÷１ケ月の日数

※小数点以下を切り上げ

1 減算になる場合

● 減算を判定する際の「入所者数」は、１ケ月間（暦月）の入所者数の「平均」でカウントします。平均は上の計算式で求めます。

● 定員超過利用になった場合は、その翌月から定員超過利用が解消される月まで、入所者の全員の所定単位数が減算となります。定員超過利用が解消された場合は、解消された月の翌月から通常の所定単位数になります。

● 被災者を受け入れた場合など、やむを得ない理由での定員超過利用であれば、定員超過になった月の翌々月からの減算となります。これは、やむを得ない理由がないにもかかわらず翌月まで定員超過状態が続いている場合に限り、翌月に定員超過の状態が解消されていれば、減算はありません。

● 定員超過利用に対する都道府県の指導に従わず、定員超過利用が 2 ケ月以上続く場合は、指定の取消しが検討されます。

132

2 介護老人保健施設

（4）人員基準欠如減算

施設の職員の配置数が、人員基準を満たしていない場合（いわゆる人員基準欠如）は、所定単位数の30％が減額されます。

○人員基準欠如減算　　所定単位数の70％で算定

〈チェック事項〉

> **1　減算になる場合**
>
> □　次の職員の配置が人員基準を満たしていない場合に減算
> 　　a　看護職員・介護職員
> 　　・人員基準上必要な員数から1割を超えて減少した場合
> 　　　➡　その翌月から人員基準欠如が解消される月まで減算
> 　　・人員基準上必要な員数から1割の範囲内で減少した場合
> 　　　➡　その翌々月から人員基準欠如が解消される月まで減算
> 　　　　　（翌月の末日において人員基準を満たす場合は除く）
> 　　b　看護職員・介護職員以外
> 　　　（医師、理学療法士、作業療法士、言語聴覚士、介護支援専門員）
> 　　　➡　その翌々月から人員基準欠如が解消される月まで減算
> 　　　　　（翌月の末日において人員基準を満たす場合は除く）

1　減算になる場合

● 人員基準欠如については、その翌々月から人員基準欠如が解消されるに至った月まで、入所者の全員について所定単位数が30％減算されます。

　➡　**人員基準については第1章「2　（1）人員基準」12頁を参照**

● 看護職員・介護職員については、人員基準上必要な員数から1割を超えているか超えていないかで、減算適用の開始時期が異なります。1割を超えていない場合は、翌々月からの減算になりますが、翌月末までに人員基準欠如の状態が解消されれば減算されません。

● 著しい人員基準欠如が継続する場合には、都道府県より職員の増員や利用定員等の見直し、事業の休止等を指導されることになります。その指導に従わない場合には、指定の取消しも検討されます。

133

第 2 章　介護報酬の算定要件

（5）ユニットケア体制未整備減算

　ユニットの体制についての基準を満たさない場合は、すべての介護報酬から3％の減額となります。

○ユニットケア体制未整備減算　　所定単位数の 97％で算定

〈チェック事項〉

1 減算になる場合
□ 次のいずれかに該当する場合に減算 　a　日中にユニットごとに常時 1 人以上の介護職員又は看護職員を配置していない 　b　ユニットごとに、常勤のユニットリーダーを配置していない

1 減算になる場合

● ある月（暦月）において、ユニットの体制について基準に満たない状況が発生した場合に、その翌々月から基準に満たない状況が解消される月まで、入所者全員の所定単位数が減算されます。ただし、翌月末日までに基準を満たすに至っていれば、減算はありません。

2 介護老人保健施設

(6) 室料相当額控除※

　「その他型」及び「療養型」の介護老人保健施設の多床室の入所者について、基本報酬から室料相当額を減算し、利用者負担を求めることとなりました。

※令和7年8月1日から施行。

　○室料相当額控除　　1日につき26単位を所定単位数から控除

〈チェック事項〉

1　控除になる場合

□ 次のいずれにも該当する場合に控除

　a　算定日が属する介護保険事業計画の計画期間※の前の計画期間の最終年度に、介護保険施設サービス費（Ⅱ）・（Ⅲ）・（Ⅳ）を算定した月が介護保健施設サービス費（Ⅰ）を算定した月より多い

　　※介護保険事業計画の計画期間

　b　次の計算式が8以上になる

　　「療養室の床面積の合計÷入所定員」

1　控除になる場合

- 算定日が計画期間の開始後4ケ月以内の場合は、前の計画期間の前の計画期間で計算します。
- 令和7年8月から令和9年7月までの間は、令和6年度に、介護保健施設サービス費（Ⅱ）、（Ⅲ）又は（Ⅳ）を算定した月が、介護保健施設サービス費（Ⅰ）を算定した月より多い、つまり7ケ月以上であることが必要です。
- 令和9年8月以降、例えば、令和9年8月から令和12年7月までの間は、令和8年度において、介護保健施設サービス費（Ⅱ）、（Ⅲ）又は（Ⅳ）を算定した月が、介護保健施設サービス費（Ⅰ）を算定した月より多い、つまり7ケ月以上であることが必要です。
- 基準費用額（居住費）の増額（＋260円／日）により、利用者負担第1～3段階の入所者は、補足給付により利用者負担が増加することはありません。

135

第 2 章　介護報酬の算定要件

（7）短期集中リハビリテーション実施加算

　入所間もない入所者に対し、早急かつ集中的な介入の促進を目的として、ADL
の維持や向上のためのリハビリテーションを実施した場合に算定する加算です。

　○短期集中リハビリテーション実施加算（Ⅰ）　　1日につき258単位を加算
　○短期集中リハビリテーション実施加算（Ⅱ）　　1日につき200単位を加算

〈チェック事項〉

❶ 短期集中リハビリテーション実施加算（Ⅰ）

【対象者】

□ 対象者は過去3ケ月以内に介護老人保健施設に入所していないか

□ 対象者が過去3ケ月以内に介護老人保健施設に入所している場合は、次
　のいずれかに該当するか

　a　4週間以上の入院後に介護老人保健施設に再入所しており、短期集中リハ
　　ビリテーションの必要性が認められる

　b　4週間未満の入院後に介護老人保健施設に再入所した場合で、次の状態である
　　・脳梗塞、脳出血、くも膜下出血、脳外傷、脳炎、急性脳症（低酸素脳症等）、
　　　髄膜炎等を急性発症した者
　　・上・下肢の複合損傷※、脊椎損傷による四肢麻痺（一肢以上）、体幹・上・
　　　下肢の外傷・骨折、切断・離断（義肢）、運動器の悪性腫瘍等を急性発症
　　　した運動器疾患又はその手術後の者
　　　※骨、筋・腱・靱帯、神経、血管のうち3種類以上の複合損傷

【リハビリテーション】

□ 入所日から3ケ月以内にリハビリテーションを実施しているか

□ 次のいずれかの職種の者がリハビリテーションを実施しているか

　a　医師
　b　医師の指示を受けた理学療法士・作業療法士・言語聴覚士

□ おおむね週に3日以上、20分以上の個別リハビリテーションを行っているか

□ 入所時及び1ケ月に1回以上 ADL 等の評価を行い、その評価結果等の情
　報を LIFE に提出しているか

□ 必要に応じてリハビリテーション計画を見直しているか

2 介護老人保健施設

1 短期集中リハビリテーション実施加算（Ⅰ）

【対象者】

● 本加算は原則として、**過去３ケ月間に介護老人保健施設に入所したことがない入所者**に限り算定できるものです。

● 過去３ケ月間に介護老人保健施設に入所したことがあっても、４週間以上の入院後に介護老人保健施設に再入所した場合で、短期集中リハビリテーションの必要が認められる入所者については、本加算の算定が可能です。

● 同様に、４週間以上の入院後に介護老人保健施設に再入所した場合で、脳梗塞発症者などチェック事項の **b** に該当する状態にある入所者については、算定が可能です。

● 本加算は入所日から３ケ月以内の期間に限り算定できます。

【リハビリテーション】

● 医師又は医師の指示を受けた理学療法士・作業療法士・言語聴覚士が、対象者の入所日から３ケ月以内の期間に集中的なリハビリテーションを行うことが要件です。集中的なリハビリテーションとは、具体的には、**20分以上の個別リハビリテーションを、１週につきおおむね３日以上実施**することをいいます。

● 入所者に対して、原則として入所時及び１ケ月に１回以上 ADL 等の評価を行い、その評価結果等の情報を LIFE に提出し、必要に応じてリハビリテーション計画の見直しを行います。

　➡ **LIFE への情報の提出頻度については、「解説　LIFE への情報の提出頻度」90頁を参照**

137

第 2 章　介護報酬の算定要件

2 短期集中リハビリテーション実施加算（Ⅱ）

【対象者】

☐ 対象者は過去 3 ケ月以内に介護老人保健施設に入所していないか

☐ 対象者が過去 3 ケ月以内に介護老人保健施設に入所している場合は、次のいずれかに該当するか

　a　4 週間以上の入院後に介護老人保健施設に再入所しており、短期集中リハビリテーションの必要性が認められる

　b　4 週間未満の入院後に介護老人保健施設に再入所した場合で、次の状態である

　　・脳梗塞、脳出血、くも膜下出血、脳外傷、脳炎、急性脳症（低酸素脳症等）、髄膜炎等を急性発症した者

　　・上・下肢の複合損傷※、脊椎損傷による四肢麻痺（一肢以上）、体幹・上・下肢の外傷・骨折、切断・離断（義肢）、運動器の悪性腫瘍等を急性発症した運動器疾患又はその手術後の者

　　※骨、筋・腱・靭帯、神経、血管のうち 3 種類以上の複合損傷

☐ 短期集中リハビリテーション実施加算（Ⅰ）を算定していないか

【リハビリテーション】

☐ 入所日から 3 ケ月以内にリハビリテーションを実施しているか

☐ 次のいずれかの職種の者がリハビリテーションを実施しているか

　a　医師

　b　医師の指示を受けた理学療法士・作業療法士・言語聴覚士

☐ おおむね週に 3 日以上、20 分以上の個別リハビリテーションを行っているか

2 短期集中リハビリテーション実施加算（Ⅱ）

● 短期集中リハビリテーション実施加算（Ⅰ）を算定している場合は、短期集中リハビリテーション実施加算（Ⅱ）は算定できません。

（8）認知症短期集中リハビリテーション実施加算

認知症の入所者に対して、短期間かつ集中的なリハビリテーションを実施した場合に算定する加算です。

○認知症短期集中リハビリテーション実施加算（Ⅰ）

1日につき240単位を加算

○認知症短期集中リハビリテーション実施加算（Ⅱ）

1日につき120単位を加算

〈チェック事項〉

1 認知症短期集中リハビリテーション実施加算（Ⅰ）

【対象者】

☐ 対象者は過去3ケ月以内に本加算を算定していないか

☐ 対象者は認知症の入所者で、精神科医等により生活機能の改善が見込まれると判断されているか

☐ 入所日から3ケ月以内、週に3日を限度として算定しているか

☐ 認知症短期集中リハビリテーション実施加算（Ⅱ）を算定していないか

【リハビリテーション】

☐ 次のいずれかの職種の者がリハビリテーションを実施しているか

    a 精神科医又は神経内科医

    b 認知症に対するリハビリテーションに関する研修を修了した医師

    c 医師の指示を受けた理学療法士・作業療法士・言語聴覚士

☐ 入所者が退所後に生活する居宅又は社会福祉施設等を訪問し、当該訪問により把握した生活環境をふまえ、リハビリテーション計画を作成しているか

☐ リハビリテーション実施計画に基づき、日常生活活動訓練等を組み合わせたプログラムを提供しているか

☐ おおむね週に3日以上、リハビリテーションを行っているか

☐ 1人の医師又は理学療法士等が、1人の入所者に対して個別に20分以上のリハビリテーションを実施しているか

☐ リハビリテーションに関する記録が保管されているか

第 2 章　介護報酬の算定要件

1 認知症短期集中リハビリテーション実施加算（Ⅰ）

【対象者】

● 本加算は原則として、入所者が**過去 3 ケ月の間に本加算を算定していない場合に限り**算定できます。なお、短期集中リハビリテーション実施加算を算定している場合でも、別途リハビリテーションを実施すれば、本加算を算定することができます。

● 対象となる入所者は認知症で、MMSE 又は HDS-R でおおむね 5 ～ 25 点に相当する者です。さらに、精神科医師・神経内科医師・認知症に対するリハビリテーションに関する専門的な研修を修了した医師により、生活機能の改善が見込まれると判断されている必要があります。

● 本加算は、入所日から 3 ケ月以内の期間に限り算定できます。

【リハビリテーション】

● 在宅復帰に向けた生活機能の改善を目的としてリハビリテーション計画に基づき、医師又は医師の指示を受けた理学療法士・作業療法士・言語聴覚士がリハビリテーションを実施した場合に、本加算は算定できます。

● 実施するリハビリテーションは、記憶の訓練、日常生活活動の訓練等を組み合わせたプログラムを週 3 日実施することが標準となります。

● リハビリテーションに関わる医師は、精神科医師・神経内科医師を除き、**認知症に対するリハビリテーションに関する研修を修了している**必要があります。

● 1 人の医師又は理学療法士等が 1 人の入所者に対して行った場合、つまり一対一で行うリハビリテーションについてのみ算定が可能です。また、入所者に対して**個別に 20 分以上リハビリテーションを実施する**必要があります。

● リハビリテーションに関する記録（実施時間、訓練内容、訓練評価、担当者等）は入所者ごとに保管します。

● 入所者の入所予定日前 30 日以内又は入所後 7 日以内に、入所者の退所後に生活することが想定される居宅又は他の社会福祉施設等を訪問し、当該訪問により把握した生活環境をふまえ、リハビリテーション計画を作成している場合に算定できます。入所者の入所後 8 日以降に居宅等を訪問した場合は、その訪問日以降に限り、算定できます。

● 入所者が退所後生活する居宅又は社会福祉施設等を訪問する場合、居宅等を訪

140

問する施設職員は、専門職種に限定されませんが、リハビリテーション計画の作成担当者との居宅等の情報の共有が適切にできる職員が訪問することとされています。

● 入所者が社会福祉施設等へ退所する希望がある場合でも、入所前に生活をしていた居宅を訪問する方が有益な情報が得られる、施設におけるリハビリテーション等により居宅へ退所する可能性も考えられるなど、居宅に訪問することが適切と考えられるときは、居宅に訪問することとして差し支えありません。

---

2 認知症短期集中リハビリテーション実施加算（Ⅱ）

【対象者】

☐ 対象者は過去3ケ月以内に本加算を算定していないか

☐ 対象者は認知症の入所者で、精神科医等により生活機能の改善が見込まれると判断されているか

☐ 入所日から3ケ月以内、週に3日を限度として算定しているか

【リハビリテーション】

☐ 次のいずれかの職種の者がリハビリテーションを実施しているか

   a 精神科医又は神経内科医

   b 認知症に対するリハビリテーションに関する研修を修了した医師

   c 医師の指示を受けた理学療法士・作業療法士・言語聴覚士

☐ リハビリテーション実施計画に基づき、日常生活活動訓練等を組み合わせたプログラムを提供しているか

☐ おおむね週に3日以上、リハビリテーションを行っているか

☐ 1人の医師又は理学療法士等が、1人の入所者に対して個別に20分以上のリハビリテーションを実施しているか

☐ リハビリテーションに関する記録が保管されているか

---

2 認知症短期集中リハビリテーション実施加算（Ⅱ）

● 認知症短期集中リハビリテーション実施加算（Ⅰ）と（Ⅱ）を同時に算定することはできません。

第 2 章　介護報酬の算定要件

(9) 認知症ケア加算

認知症の入所者に対して、認知症専門棟において認知症に対応したサービスを提供した場合に算定する加算です。

○**認知症ケア加算**　　**1 日につき 76 単位を加算**

〈チェック事項〉

1 施設の基準

☐ 介護が必要な認知症の入所者と他の入所者とを区別しているか

☐ 介護が必要な認知症の入所者専用の施設（認知症専門棟）を設け、次の基準に適合する施設・設備としているか

   a　原則として、同一建物又は同一階では他の入所者に利用させていない

   b　施設の入所定員は 40 人を標準とする

   c　入所定員の 1 割以上の数の個室を設けている

   d　面積が入所定員× 2m^2 以上のデイルームを設けている

   e　介護が必要な認知症の入所者の家族に介護方法に関する知識・技術を提供するために、30m^2 以上の施設を設けている

☐ 単位ごとの入所者数は 10 人を標準としているか

☐ 単位ごとに固定した介護職員又は看護職員を配置しているか

☐ ユニット型介護老人保健施設にもかかわらず算定していないか

2 職員の配置

☐ 認知症専門棟の職員の配置は、次のいずれも満たしているか

   a　日中：入所者 10 人に対し常時 1 人以上の介護職員又は看護職員を配置

   b　夜間・深夜：入所者 20 人に 1 人以上の夜勤の介護職員又は看護職員を配置

2 介護老人保健施設

1 施設の基準

- 「介護が必要な認知症の入所者」とは、**日常生活自立度のランクⅢ・Ⅳ・M**に該当し、認知症専門棟において認知症に対応した処遇を受けることが適当であると医師が認めた入所者をいいます。
- ユニット型介護老人保健施設サービス費を算定している場合は、本加算は算定できません。

2 職員の配置

- 認知症専門棟では、従業者が入所者といわゆる「馴染みの関係」になることが求められるため、継続性に配慮した勤務体制にする必要があります。そのために、認知症専門棟における介護職員等の配置については、**日中は入所者10人に対して1人以上、夜間・深夜は入所者20人に対して1人以上**の看護職員又は介護職員の配置が義務づけられています。

認知症ケア加算に必要な配置

第 2 章　介護報酬の算定要件

（10）在宅復帰・在宅療養支援機能加算

　在宅復帰・在宅療養支援機能の高い施設について、その取組みを評価する加算です。

○**在宅復帰・在宅療養支援機能加算（Ⅰ）**　**1 日につき 51 単位を加算**
○**在宅復帰・在宅療養支援機能加算（Ⅱ）**　**1 日につき 51 単位を加算**

〈チェック事項〉

1 在宅復帰・在宅療養支援機能加算（Ⅰ）

□ 在宅復帰・在宅療養支援等指標が 40 以上であるか
□ 地域に貢献する活動を行っているか
□ 次のいずれかを算定しているか
　a　介護保健施設サービス費（Ⅰ）の介護保健サービス費（ⅰ）又は（ⅲ）
　b　ユニット型介護保健施設サービス費（Ⅰ）のユニット型介護保健施設サービス費（ⅰ）又は経過的ユニット型介護保健施設サービス費（ⅰ）

2 在宅復帰・在宅療養支援機能加算（Ⅱ）

□ 在宅復帰・在宅療養支援等指標が 70 以上であるか
□ 次のいずれかを算定しているか
　a　介護保健施設サービス費（Ⅰ）の介護保健施設サービス費（ⅱ）又は（ⅳ）
　b　ユニット型介護保健施設サービス費（Ⅰ）のユニット型介護保健施設サービス費（ⅱ）又は経過的ユニット型介護保健施設サービス費（ⅱ）

2 介護老人保健施設

1 在宅復帰・在宅療養支援機能加算 （Ⅰ）

- 在宅復帰・在宅療養等指標とは、在宅復帰機能を評価するための指標で、加算の届出時に提出する「介護老人保健施設（基本型・在宅強化型）の基本施設サービス費及び在宅復帰・在宅療養支援機能加算に係る届出書（別紙29-2）」の「5　在宅復帰・在宅療養支援に関する状況」がこの指標の集計表になっています。

  ➡ 「解説　在宅復帰・在宅療養支援等指標」123頁参照

- 在宅復帰・在宅療養支援機能加算 （Ⅰ）は、**在宅復帰・在宅療養支援等指標が40以上**で、介護老人保健施設のうち、介護保健施設サービス費 （Ⅰ）の基本型、ユニット型介護保健施設サービス費 （Ⅰ）の基本型についてのみ算定可能です。

- 地域に貢献する活動は、運営基準に定められている地域との交流（地域の住民やボランティア団体等との連携・協力を行うなどの活動）に加えて、事業者の創意工夫により地域の高齢者に活動と参加の場を提供するような活動を行うことが必要です。

2 在宅復帰・在宅療養支援機能加算 （Ⅱ）

- 在宅復帰・在宅療養支援機能加算 （Ⅱ）は、在宅復帰・在宅療養支援等指標が70以上で、介護保健施設サービス費 （Ⅰ）の在宅強化型、ユニット型介護保健施設サービス費 （Ⅰ）の在宅強化型についてのみ算定可能です。

- 在宅復帰・在宅療養支援等指標については、「**1** 在宅復帰・在宅療養支援機能加算 （Ⅰ）」を参照してください。

145

第2章　介護報酬の算定要件

（11）ターミナルケア加算

施設における看取り対応を評価するもので、ターミナルケアの体制を整え、実際にターミナルケアを行った場合に算定します。

○ターミナルケア加算（1日につき）

	療養型老健以外	療養型老健
死亡日以前31日以上45日以下	72単位	80単位
死亡日以前4日以上30日以下	160単位	160単位
死亡日以前2日又は3日	910単位	850単位
死亡日	1,900単位	1,700単位

〈チェック事項〉

1 基本事項

☐ 対象者について、医師が回復の見込みがないと診断しているか
☐ 死亡日を含めた45日以下で算定しているか
☐ 退所した翌日から死亡日までの間に算定していないか

2 ターミナルケア

☐ 入所者又はその家族等の同意を得てターミナルケアに係る計画が作成されているか
☐ 医師、看護師、介護職員、支援相談員、管理栄養士等が共同して、入所者の状態又は家族の求め等に応じ、随時、本人又は家族への説明を行い、同意を得ているか
☐ 職員間の相談、家族の意思確認等の内容を記録しているか
☐ ターミナルケアを施設で直接行っているか
☐ 本人又は家族が個室を希望する場合、意向に沿えるよう考慮しているか
☐ 個室に移行した場合、従来型個室を算定しているか
☐ 退所後も入所者の家族指導等を行っているか
☐ 退所した月と死亡月が異なる場合の一部負担金の発生について、本人又は家族に説明し、同意を得ているか

2 介護老人保健施設

1 基本事項

- 算定対象の入所者は、医師が一般に認められている医学的知見に基づき回復の見込みがないと診断されていることが要件です。
- ターミナルケアを受けた入所者が死亡した場合に、**死亡日を含め45日を上限**として、老人保健施設において行ったターミナルケアを評価するものです。
- 死亡前に自宅へ戻ったり、他の医療機関に移ったりした場合は、**退所日の翌日から死亡日までの間は算定できません**。したがって、その期間が45日以上あった場合は算定できません。
- 厚生労働省「人生の最終段階における医療・ケアの決定プロセスに関するガイドライン」等の内容に沿った取組みを行うことが必要です。
- 入所者が退所後に死亡した場合で、退所した月と死亡した月が異なる場合でも算定は可能ですが、自己負担の請求について同意を得る必要があります（「**2** ターミナルケア」を参照）。

2 ターミナルケア

- ターミナルケアを行うに当たっては、医師、看護師、介護職員、支援相談員、管理栄養士等の多職種が共同して、入所者の状態や家族からの求め等に応じて、随時、本人や家族に説明を行う必要があります。その際に、本人や家族から口頭で同意を得た場合は、説明した日時・内容等に加えて、同意を得た旨を記載しておきます。
- 本人が判断できる状態になく、かつ、家族の来所が見込めない場合は、職員間の相談日時や内容等に加えて、本人の状態や、家族と連絡をとったが来所がなかった旨を記載しておきましょう。
- 本人や家族が個室でのケアを希望する場合には、できる限りその意向に沿うようにします。個室に移行した場合は、従来型個室の取扱いになります。
- 施設を退所した月と死亡した月が異なる場合、本加算は死亡月にまとめて算定するため、退所の翌月に亡くなった場合は前月分の自己負担を請求することを退所時に家族等に説明し、文書で同意を得ておく必要があります。

第 2 章　介護報酬の算定要件

（12）療養体制維持特別加算

　介護療養型医療施設等から転換した施設で一定の療養体制を整備している場合に算定できる加算です。

○**療養体制維持特別加算（Ⅰ）**　　**1 日につき 27 単位を加算**
○**療養体制維持特別加算（Ⅱ）**　　**1 日につき 57 単位を加算**

〈チェック事項〉

1 療養体制維持特別加算（Ⅰ）

□ 施設が次のいずれかに該当しているか

　a　転換前に次の介護療養施設サービス費を算定する指定介護療養型医療施設であった
　　・療養型介護療養施設サービス費（Ⅰ）
　　・療養型経過型介護療養施設サービス費
　　・ユニット型療養型介護療養施設サービス費
　　・ユニット型療養型経過型介護療養施設サービス費
　　・認知症疾患型介護療養施設サービス費（Ⅱ）
　　・ユニット型認知症疾患型介護療養施設サービス費（Ⅱ）

　b　転換前に医療保険の療養病棟入院基本料 1 の施設基準に適合する病棟であった（平成 22 年 4 月 1 日以前に転換した場合は、医療保険の療養病棟入院基本料 20：1 配置病棟であった）

□ 介護職員を常勤換算方法で、入所者等※ 4 人に対して 1 人以上配置しているか　　　　　　　　　　　　　　※短期入所療養介護の利用者と介護老人保健施設の入所者の合計

□ 定員超過利用減算、人員基準欠如減算の基準に該当していないか

2 療養体制維持特別加算（Ⅱ）

□ 算定月の前 3 ケ月間の入所者等のうち、喀痰吸引又は経管栄養が実施された人の割合が 20％以上であるか

□ 算定月の前 3 ケ月間の入所者等のうち、著しい精神症状、周辺症状又は重篤な身体疾患等が見られ専門医療が必要な認知症高齢者の割合が 50％以上であるか

148

2 介護老人保健施設

1 療養体制維持特別加算 （Ⅰ）

- 「医療保険の療養病棟入院基本料1の施設基準に適合する病棟」とは、医科診療報酬点数表の療養病棟入院基本料1の施設基準に適合しているものとして地方厚生局長等に届け出た病棟をいいます。
- 「医療保険の療養病棟入院基本料20：1配置病棟」とは、次のいずれかの病棟になります。
  - a 基本診療料の施設基準等の一部を改正する件（平成22年厚生労働省告示第72号）による改正前の基本診療料の施設基準等（平成20年厚生労働省告示第62号）第5の3（2）イ②に規定する20対1配置病棟
  - b 基本診療料の施設基準等（平成20年厚生労働省告示第62号）による廃止前の基本診療料の施設基準等（平成18年厚生労働省告示第93号）第5の3（2）ロ①2に規定する20対1配置病棟
- 本加算は、介護療養型介護老人保健施設で施設基準に該当する場合に、入所者数の合計数4人に対して、介護職員の数が常勤換算方法で1人以上配置している必要があります。

2 療養体制維持特別加算 （Ⅱ）

- 本加算の算定には、算定月の前3ヶ月間の入所者のうち、喀痰吸引又は経管栄養が実施された者が20%以上、専門医療を必要とする認知症高齢者が50%以上である必要があります。
- 「著しい精神症状、周辺症状又は重篤な身体疾患等が見られ専門医療が必要な認知症高齢者」とは、認知症高齢者の日常生活自立度のランクⅣ・Mに該当する人をいいます。

149

第 2 章　介護報酬の算定要件

（13）入所前後訪問指導加算

　　在宅復帰支援機能を高めるために、入所前又は入所後に入所者の居宅を訪問し、早期退所に向けた計画を策定するなどの訪問・指導を評価する加算です。

　　○入所前後訪問指導加算（Ⅰ）　　１回につき 450 単位を加算
　　○入所前後訪問指導加算（Ⅱ）　　１回につき 480 単位を加算

〈チェック事項〉

１ 入所前後訪問指導加算（Ⅰ）

□ 次のいずれかの基本報酬費を算定しているか
　　a　介護保健施設サービス費（Ⅰ）
　　b　ユニット型介護保健施設サービス費（Ⅰ）
□ 対象となる入所者は、入所期間が１ケ月を超えると見込まれるか
□ 入所者について、次のことを実施しているか
　　a　入所予定日前 30 日以内又は入所後７日以内に退所後生活する居宅を訪問
　　b　退所を目的とした施設サービス計画の策定及び診療方針を決定
□ 入所前後訪問指導は、入所者及び家族等のいずれにも行っているか
□ 入所前後訪問指導の指導日、指導内容の要点を診療録等に記載しているか
□ 入所中１回を限度として算定しているか
□ 入所前後訪問指導加算（Ⅱ）を算定していないか

2 介護老人保健施設

2 入所前後訪問指導加算（Ⅱ）

☐ 次のいずれかの基本報酬費を算定しているか
  a 介護保健施設サービス費（Ⅰ）
  b ユニット型介護保健施設サービス費（Ⅰ）
☐ 対象となる入所者は、入所期間が1ケ月を超えると見込まれるか
☐ 入所者について、次のことを実施しているか
  a 入所予定日前30日以内又は入所後7日以内に退所後生活する居宅を訪問
  b 退所を目的とした施設サービス計画及び診療方針を決定（生活機能の具体的な改善目標を設定）
  c 退所後の生活に関する支援計画を作成
☐ 入所前後訪問指導は、入所者及び家族等のいずれにも行っているか
☐ 入所前後訪問指導の指導日、指導内容の要点を診療録等に記載しているか
☐ 入所中1回を限度として算定しているか
☐ 入所前後訪問指導加算（Ⅰ）を算定していないか

1 入所前後訪問指導加算（Ⅰ）

● 入所前後訪問指導は、医師、看護職員、支援相談員、理学療法士、作業療法士、言語聴覚士、管理栄養士、介護支援専門員等が協力して、入所者とその家族等のいずれにも行います。

● 入所前に居宅を訪問した場合は入所日に算定し、入所後に訪問した場合は訪問日に算定します。

● 次のいずれかに該当する場合には算定できません。
  a 病院又は診療所のみを訪問し、居宅を訪問しない場合
  b 他の介護保険施設のみを訪問し、居宅を訪問しない場合
  c 予定の変更により入所しなかった場合

● 対象者が退所後に自宅に戻らずに、他の社会福祉施設等に入所する場合であっても、本人の同意を得て、社会福祉施設等を訪問し、退所を目的とした施設サービス計画の策定等を行っていれば、算定可能です。

2 入所前後訪問指導加算（Ⅱ）

- 本加算は、退所を目的とした施設サービス計画の策定及び診療方針の決定に当たり、生活機能の具体的な改善目標を定めるとともに、退所後の生活に係る支援計画を策定した場合に算定可能となります。施設サービス計画の策定等に際して行う会議は、テレビ電話装置等を活用して行うことが可能です。
- 「生活機能の具体的な改善目標」は、対象者が退所後生活する居宅の状況に合わせて、入浴や排せつ等の生活機能について、入所中に到達すべき具体的な改善目標を定めます。
- 「退所後の生活に関する支援計画」は、施設と在宅の双方にわたる切れ目のない支援計画を作成する必要があります。
- その他の項目については、前記「1 入所前後訪問指導加算（Ⅰ）」を参照してください。

2 介護老人保健施設

（14）試行的退所時指導加算

　入所者が施設退所後の居宅等での療養等に円滑に移行できるように、試行的な退所の実施やそれに伴う指導を行った場合に算定する加算です。

○試行的退所時指導加算　　1回につき400単位を加算

〈チェック事項〉

1 基本事項

- □ 対象者の入所期間は1ケ月を超えているか
- □ 加算の算定は最初に試行的退所を行った月から3ケ月間に限っているか
- □ 入所者1人につき1ケ月に1回の算定に限っているか
- □ 入所者が次に該当する場合に算定を行っていないか
    - **a** 退所して病院・診療所へ入院する場合
    - **b** 退所して他の介護保険施設へ入所する場合
    - **c** 死亡退所の場合

2 試行的退所時指導

- □ 退所時に退所後の療養上の指導（試行的退所時指導）を行っているか
- □ 指導は、医師、看護職員等が協力して行っているか
- □ 入所者とその家族等のいずれにも指導を行っているか
- □ 指導日、指導内容の記録が整備されているか

3 試行的退所

- □ 医師等により、退所後に居宅で療養が継続できるかを検討しているか
- □ 入所者又は家族に趣旨を説明し、同意を得ているか
- □ 試行的退所期間中に他の介護サービスを利用していないか
- □ 試行的退所期間終了後に居宅に退所できない場合、その理由等を分析し、問題解決に向けて施設サービス計画を変更しているか

153

第 2 章　介護報酬の算定要件

1　基本事項

● 本加算の対象となるのは、１ケ月以上入所しており、退所後に居宅サービス等を利用予定である入所者です。
● 施設を退所後に居宅での生活に戻る人が対象となるため、退所先が病院や介護保険施設等の場合は加算の対象にはなりません。

2　試行的退所時指導

● 試行的退所時指導は、医師、看護職員、支援相談員、理学療法士又は作業療法士、管理栄養士、介護支援専門員等が協力して行います。
● 試行的退所時指導の内容は、次の通りです。
　a　食事、入浴、健康管理等の在宅療養に関する指導
　b　退所者の運動機能や日常生活動作能力の維持・向上を目的として行う体位変換、起座又は離床訓練、起立訓練、食事訓練、排せつ訓練の指導
　c　家屋の改善の指導
　d　退所者の介助方法の指導

3　試行的退所

● 試行的退所を行うに当たっては、医師、薬剤師（配置されている場合のみ）、看護・介護職員、支援相談員、介護支援専門員等により、退所後に居宅で療養を継続できるかどうか検討します。
● 試行的退所期間中の入所者の状況の把握を行っている場合は、外泊時加算を併せて算定することができます。また、入所者の試行的退所期間中、入所者の同意があれば、そのベッドを短期入所療養介護に活用できますが、その場合は外泊時加算を算定できません。
● 試行的退所期間中、入所者は自宅で居宅サービス、地域密着型サービス、介護予防サービス等を利用することはできません。
● 試行的退所期間が終了しても居宅に退所できない場合は、居宅で療養が続けられない理由等を分析した上で、その問題解決に向けたリハビリ等を行うため、施設サービス計画を変更するなど適切な支援を行います。

2 介護老人保健施設

（15）入退所前連携加算

入所者が退所後に居宅サービス等の利用を予定している場合に、居宅介護支援事業者の介護支援専門員と連携して退所後のサービスの利用について調整を行った場合に算定します。

○入退所前連携加算（Ⅰ）　　1 回につき 600 単位を加算
○入退所前連携加算（Ⅱ）　　1 回につき 400 単位を加算

〈チェック事項〉

1 入退所前連携加算（Ⅱ）

【基本事項】

□ 対象者の入所期間は 1 ケ月を超えているか（見込みを含む）

□ 入所者 1 人につき 1 回の算定に限っているか

□ 入所者が次に該当する場合に算定を行っていないか

　a　退所して病院・診療所へ入院する場合

　b　退所して他の介護保険施設へ入所する場合

　c　死亡退所の場合

□ 入退所前連携加算（Ⅰ）を算定していないか

【退院前連携】

□ 退所前に居宅介護支援事業者に介護状況を示す文書で情報を提供し、かつ、居宅サービス等の利用に関する調整を行っているか

□ 居宅介護支援事業者との連携について入所者の同意を得ているか

□ 連携は、医師、看護職員等が協力して行っているか

□ 連携を行った日、内容に関する記録が整備されているか

155

第 2 章　介護報酬の算定要件

1　入退所前連携加算（Ⅱ）

【基本事項】

● 本加算の対象となるのは、1 ケ月以上入所しており、退所後に居宅サービスや地域密着型サービスを利用する予定がある入所者です。

● 施設を退所後に居宅での生活に戻る人が対象となるため、退所先が病院や介護保険施設等の場合は加算の対象にはなりません。

【退院前連携】

● 連携については、医師、看護職員、支援相談員、理学療法士又は作業療法士、管理栄養士、介護支援専門員等が協力して行います。在宅生活に向けた総合的な調整を評価するものであるため、これらのスタッフが共同でサービス等の調整を行う必要があります。事務職員等が電話で連絡対応しただけの場合は、算定対象となりません。

● 併設や同一法人の居宅介護支援事業所と連携する場合でも算定できます。

● サービスの調整を行ったものの、結果として、入所者が居宅サービス等を利用しないことになった場合でも算定可能です。

2　入退所前連携加算（Ⅰ）

☐ 入退所前連携加算（Ⅱ）の要件を満たしているか

☐ 入所予定日前 30 日以内又は入所後 30 日以内に、入所者が退所後に利用を希望する居宅介護支援事業者と連携して、入所者の同意を得て、退所後の居宅サービス等の利用方針を定めているか

☐ 入退所前連携加算（Ⅱ）を算定していないか

2　入退所前連携加算（Ⅰ）

● **1** の算定要件を満たした上で、入所予定日前 30 日以内又は入所後 30 日以内に、入所者が退所後に利用を希望する居宅介護支援事業者と連携して、入所者の同意を得て、退所後の居宅サービス等の利用方針を定めることが必要です。

156

（16）訪問看護指示加算

　退所後に訪問看護等を必要とする入所者について、退所時に施設の医師が訪問看護ステーション等に訪問看護指示書を交付した場合に算定します。

○訪問看護指示加算　　1回につき 300 単位を加算

〈チェック事項〉

> **1 訪問看護指示加算**
>
> □ 入所者1人につき1回の算定に限っているか
> □ 施設の医師が診療に基づき、次のサービスが必要と認めているか
> 　**a** 訪問看護
> 　**b** 定期巡回・随時対応型訪問介護看護（訪問看護サービスを行う場合のみ）
> 　**c** 看護小規模多機能型居宅介護（看護サービスを行う場合のみ）
> □ 施設の医師が訪問看護ステーション等に訪問看護指示書を交付しているか
> □ 訪問看護指示書の交付について、本人の同意を得ているか
> □ 訪問看護指示書の写しを診療録に添付しているか

1 訪問看護指示加算

- 入所者の退所時に、介護老人保健施設の医師が診療に基づき訪問看護等が必要であると認め、入所者の選定する訪問看護ステーション等に訪問看護指示書を交付した場合に、入所者1人につき1回を限度として算定します。
- 施設で交付する訪問看護指示書は、指定の様式※があります。
  - ※「介護老人保健施設からの退所時における老人訪問看護指示加算に係る訪問看護指示書の様式について（平成12年4月26日老健第96号）」の「訪問看護指示書」
- 訪問看護指示書に特に指示期間の記載がない場合は、指示期間は1ヶ月とみなされます。
- 入所者が希望した場合は、訪問看護指示書を本人やその家族等を介して訪問看護ステーション等に交付しても問題ありません。
- 訪問看護ステーション等に交付した訪問看護指示書の写しは、診療録等に添付します。

第 2 章　介護報酬の算定要件

（17）かかりつけ医連携薬剤調整加算

施設の医師が入所者の主治医と連携して入所者への継続的な薬物治療の提供を評価するものです。

○**かかりつけ医連携薬剤調整加算（Ⅰ）イ**　　１回につき 140 単位を加算

○**かかりつけ医連携薬剤調整加算（Ⅰ）ロ**　　１回につき 70 単位を加算

○**かかりつけ医連携薬剤調整加算（Ⅱ）**　　　１回につき 240 単位を加算

○**かかりつけ医連携薬剤調整加算（Ⅲ）**　　　１回につき 100 単位を加算

〈チェック事項〉

1 かかりつけ医連携薬剤調整加算（Ⅰ）イ

☐ 施設の医師又は薬剤師が高齢者の薬物療法に関する研修を受講しているか
※高齢者の薬物療法に関する十分な経験を有する医師又は薬剤師については、高齢者の薬物療法に関する研修を受講した者とみなす

☐ 入所後１ケ月以内に、状況に応じて入所者の処方内容を変更する可能性があることを主治医に説明し、主治医が合意しているか

☐ 対象者には入所前に内服開始から４週間以上経過した内服薬が６種類以上処方されているか

☐ 施設の医師と入所者の主治医が共同し、入所中に処方の内容を総合的に評価及び調整し、かつ、療養上必要な指導を行っているか

☐ 入所中に入所者の処方の内容に変更があった場合は医師、薬剤師、看護師等の関係職種間で情報共有を行い、変更後の入所者の状態等を、関係職種で確認しているか

☐ 入所時と退所時の処方の内容に変更がある場合は、変更の経緯、変更後の入所者の状態等を、退所時又は退所後１ケ月以内に主治医に情報提供し、その内容を診療録に記載しているか

☐ 入所者１人につき１回を限度として算定しているか

158

2 介護老人保健施設

1 かかりつけ医連携薬剤調整加算（Ⅰ）イ

- **入所者の入所前の主治医と連携して**処方の内容を評価・調整した場合に算定する加算です。

- 入所前に内服を開始して４週間以上経過した内服薬が６種類以上処方されていた入所者が対象です。内服薬の種類数は、錠剤、カプセル剤、散剤、顆粒剤、液剤は１銘柄ごとに１種類として計算します。なお、頓服薬は内服薬の種類数から除外し、服用を開始して４週間以内の薬剤は、調整前の種類数からは除外します。

- 入所後１ケ月以内に、状況に応じて入所者の処方内容を変更する可能性があることを主治医に説明し合意を得る際に、処方経緯等の情報を収集しておきましょう。

- 入所中に処方内容を施設の医師と入所者の主治医が共同し、総合的に評価及び調整を行います。

- 総合的な評価及び調整に当たっては、複数薬剤の投与により期待される効果と副作用の可能性等について、ならびに病状及び生活状況等に伴う服薬アドヒアランスの変動等について十分に考慮した上で行います。その際、「高齢者の医薬品適正使用の指針（総論編）」（厚生労働省）、「高齢者の医薬品適正使用の指針（各論編（療養環境別））」（厚生労働省）及び日本老年医学会の関連ガイドライン（「高齢者の安全な薬物療法ガイドライン」）等を参考にしましょう。

- 入所者の処方内容の変更についての主治医との合意内容や総合的な評価及び調整の要点は診療録に記載しておく必要があります。

- 退所時又は退所後１ケ月以内に、評価の内容、処方内容の変更の理由・経緯、変更後の状態等について、主治医に情報提供を行い、その内容を診療録に記載している場合に、入所者１人につき１回を限度として、退所時に所定単位数を加算します。

第 2 章　介護報酬の算定要件

---

2 **かかりつけ医連携薬剤調整加算（Ⅰ）ロ**

☐ 施設の医師又は薬剤師が高齢者の薬物療法に関する研修を受講しているか
　　※高齢者の薬物療法に関する十分な経験を有する医師又は薬剤師については、高齢者の薬物療法
　　　に関する研修を受講した者とみなす

☐ 入所中に処方内容に変更があった場合は医師、薬剤師、看護師等の関係職
　　種間で情報共有し、変更後の入所者の状態等について、関係職種で確認し
　　ているか

☐ 入所時と退所時の処方の内容に変更がある場合は変更の経緯、変更後の入
　　所者の状態等について、退所時又は退所後 1 ケ月以内に入所者の主治医に
　　情報提供し、その内容を診療録に記載しているか

☐ 入所前に 6 種類以上の内服薬が処方されていた入所者について、施設にお
　　いて入所中に服用薬剤の総合的な評価及び調整を行い、療養上必要な指導
　　を行っているか

☐ 入所者 1 人につき 1 回を限度として算定しているか

☐ かかりつけ医連携薬剤調整加算（Ⅰ）イを算定していないか

---

2 **かかりつけ医連携薬剤調整加算（Ⅰ）ロ**

● **介護老人保健施設において**処方の内容を評価及び調整した場合に算定する加算
です。

● 施設において薬剤を評価・調整する場合であっても、退所時において入所前の
処方の内容から変更があった場合には、退所後の主治医に処方の変更の内容や
経緯等について情報提供する必要があります。また、施設での処方内容の評価
及び調整の要点を診療録に記載することも忘れずに行いましょう。

● かかりつけ医連携薬剤調整加算（Ⅰ）イを算定している場合、かかりつけ医連
携薬剤調整加算（Ⅰ）ロは算定できません。

2 介護老人保健施設

---

3 かかりつけ医連携薬剤調整加算（Ⅱ）

☐ かかりつけ医連携薬剤調整加算（Ⅰ）イ又はロを算定しているか

☐ 入所期間が３ケ月以上と見込まれる入所者であるか

☐ 入所者の服薬情報等の情報を LIFE を用いて厚生労働省に提出したか

☐ 処方に当たって、服薬情報等の情報その他薬物療法の適切かつ有効な実施
のために必要な情報を活用しているか

☐ 入所者１人につき１回を限度として算定しているか

---

3 かかりつけ医連携薬剤調整加算（Ⅱ）

● 厚生労働省への情報の提出は、入所期間が３ケ月を超えると見込まれる入所者
について、LIFE を用いて行います。

→ LIFE への情報の提出頻度については、「解説　LIFE への情報の提出頻度」90頁を参照

● サービスの質の向上を図るため、LIFE への提出情報及びフィードバック情報
を活用し、入所者の病状、服薬アドヒアランス等に応じた処方の検討（Plan）、
当該検討に基づく処方（Do）、処方後の状態等をふまえた総合的な評価
（Check）、その評価結果をふまえた処方継続又は処方変更（Action）の一連
のサイクル（PDCA サイクル）により、サービスの質の管理を行います。

第 2 章　介護報酬の算定要件

> **4** **かかりつけ医連携薬剤調整加算（Ⅲ）**
>
> □ かかりつけ医連携薬剤調整加算（Ⅱ）を算定しているか
> □ 退所時に処方されている内服薬の種類が、入所時より 1 種類以上減少しているか
> □ 入所者 1 人につき 1 回を限度として算定しているか

4　**かかりつけ医連携薬剤調整加算（Ⅲ）**

● 処方されている薬剤の評価及び調整により、退所時に処方される内服薬が入所時に比べて減少したことを評価するものです。
● かかりつけ医連携薬剤調整加算（Ⅱ）の算定要件を満たした上で、退所時に処方されている内服薬の種類が、入所時に比べ継続して 1 種類以上減少している場合に、入所者 1 人につき 1 回を限度として、当該入所者の退所時に所定単位数を加算します。

162

2 介護老人保健施設

（18）緊急時施設療養費

　入所者の体調急変や病状悪化など緊急の場合、また、やむを得ない事情により施設療養を行った場合に算定する加算です。

○緊急時治療管理　　　1日につき518単位を加算
○特定治療　　　　　　医科診療報酬点数表の単位数

〈チェック事項〉

1 緊急時治療管理

□ 入所者の病状は次の状態に該当しているか
　a　意識障害又は昏睡
　b　急性呼吸不全又は慢性呼吸不全の急性増悪
　c　急性心不全（心筋梗塞を含む）
　d　ショック
　e　重篤な代謝障害
　f　その他薬物中毒等で重篤なもの
□ 緊急的な治療管理としての投薬、検査、注射、処置等を行っているか
□ 同一の入所者について月1回、連続3日を限度として算定しているか
□ 特定治療を算定していないか

2 特定治療

□ 介護老人保健施設においてやむを得ない事情により行われるリハビリテーション、処置、手術、麻酔、放射線治療について算定しているか
□ 医科診療報酬点数表第2章のリハビリテーション、処置、手術、麻酔、放射線治療であるか
□ 特定治療で算定できないものを算定していないか

163

1 緊急時治療管理

- 緊急時治療管理は、入所者の病状が重篤になり、救命救急医療が必要となる入所者に対し、応急的な治療管理として投薬、検査、注射、処置等が行われた場合に算定します。「病状が重篤になり、救命救急医療が必要」とは、具体的にはチェック事項の **a ～ f** の状態をいい、入所者がこれらの状態に該当する場合に算定が可能です。
- 1回に連続する3日を限度として、月1回に限り算定できるものが対象です。例えば、1ケ月に連続しない日を3回算定することはできません。
- 緊急時治療管理と特定治療とは同時に算定することはできません。

2 特定治療

- 特定治療は、介護老人保健施設においてやむを得ない事情により行われるリハビリテーション、処置、手術、麻酔又は放射線治療について、診療報酬の点数を算定するものです。
- 特定治療では算定できない治療等が規定されています。
  ➡ **「解説　特定治療で算定できない治療」165頁を参照**
- 具体的取扱いは、診療報酬の取扱いによるものとされています。

解説　特定治療で算定できない治療

解説　特定治療で算定できない治療

　医科診療報酬点数表に掲載されている治療等のうち、次のものは特定治療では算定できません。

第2章「第7部リハビリテーション」のうち次に掲げるもの

（1）脳血管疾患等リハビリテーション料（言語聴覚療法に係るものに限る）
（2）摂食機能療法
（3）視能訓練

第2章「第9部処置」のうち次に掲げるもの

（1）一般処置
　　一　創傷処置（6000cm^{2}以上のもの（褥瘡に係るものを除く）を除く）
　　二　熱傷処置（6000cm^{2}以上のものを除く）
　　三　重度褥瘡処置
　　四　長期療養患者褥瘡等処置
　　五　精神病棟等長期療養患者褥瘡等処置
　　六　爪甲除去（麻酔を要しないもの）
　　七　穿刺排膿後薬液注入
　　八　空洞切開術後ヨードホルムガーゼ処置
　　九　ドレーン法（ドレナージ）
　　十　頸椎、胸椎又は腰椎穿刺
　十一　胸腔穿刺（洗浄、注入及び排液を含む）
　十二　腹腔穿刺（人工気腹、洗浄、注入及び排液を含む）
　十三　喀痰吸引
　十四　干渉低周波去痰器による喀痰排出
　十五　高位浣腸、高圧浣腸、洗腸
　十六　摘便
　十七　腰椎麻酔下直腸内異物除去
　十八　腸内ガス排気処置（開腹手術後）
　十九　酸素吸入
　二十　突発性難聴に対する酸素療法
　二十一　酸素テント
　二十二　間歇的陽圧吸入法
　二十三　体外式陰圧人工呼吸器治療
　二十四　肛門拡張法（徒手又はブジーによるもの）
　二十五　非還納性ヘルニア徒手整復法
　二十六　痔核嵌頓整復法（脱肛を含む）

（2）救急処置
　　一　救命のための気管内挿管
　　二　体表面ペーシング法又は食道ペーシング法
　　三　人工呼吸
　　四　非開胸的心マッサージ
　　五　気管内洗浄
　　六　胃洗浄

（3）皮膚科処置
　　一　皮膚科軟膏処置
　　二　いぼ焼灼法
　　三　イオントフォレーゼ瘡
　　四　臍肉芽腫切除術

（4）泌尿器科処置
　　一　膀胱洗浄（薬液注入を含む）
　　二　後部尿道洗浄（ウルツマン）
　　三　留置カテーテル設置
　　四　嵌頓包茎整復法（陰茎絞扼等）

（5）産婦人科処置
　　一　膣洗浄（熱性洗浄を含む）

165

二　子宮頸管内への薬物挿入法

（6）眼科処置

　　一　眼処置

　　二　義眼処置

　　三　睫毛抜去

　　四　結膜異物除去

（7）耳鼻咽喉科処置

　　一　耳処置（点耳、耳浴、耳洗浄及び簡単な耳垢栓除去を含む）

　　二　鼻処置（鼻吸引、鼻洗浄、単純鼻出血及び鼻前庭の処置を含む）

　　三　口腔、咽頭処置

四　関節喉頭鏡下喉頭処置（喉頭注入を含む）

五　鼻出血止血法（ガーゼタンポン又はバルーンによるもの）

六　耳垢栓塞除去（複雑なもの）

七　ネブライザー

八　超音波ネブライザー

（8）整形外科的処置
（鋼線等による直達牽引を除く）

　　一　鼻腔栄養

　　二　滋養浣腸

（9）栄養処置

第2章「第10部手術」のうち次に掲げるもの

　（1）創傷処理（長径5cm以上で筋肉、臓器に達するものを除く）

　（2）皮膚切開術（長径20cm未満のものに限る）

　（3）デブリードマン（100cm^{2}未満のものに限る）

　（4）爪甲除去術

　（5）ひょう疽手術

　（6）風棘手術

　（7）外耳道異物除去術（きわめて複雑なものを除く）

　（8）咽頭異物摘出術

　（9）顎関節脱臼非観血的整復術

　（10）血管露出術

第2章「第11部麻酔」のうち次に掲げるもの

　（1）静脈麻酔、筋肉注射による全身麻酔、注腸による麻酔

　（2）硬膜外ブロックにおける麻酔剤の持続的注入

特殊なもの

　　上記のリハビリテーション、処置、手術又は麻酔に最も近似するものとして医科診療報酬点数表により点数の算定される特殊なリハビリテーション、処置、手術及び麻酔

2 介護老人保健施設

（19）所定疾患施設療養費

　肺炎や尿路感染等の入所者に対し、投薬、検査、注射、処置等を行った場合に算定する加算です。

- ○**所定疾患施設療養費（Ⅰ）**　　　**1回につき239単位を加算**
- ○**所定疾患施設療養費（Ⅱ）**　　　**1回につき480単位を加算**

〈チェック事項〉

---

1 所定疾患施設療養費（Ⅰ）

□ 対象となる入所者は次の疾患にかかっているか
- **a** 　肺炎
- **b** 　尿路感染症
- **c** 　帯状疱疹
- **d** 　蜂窩織炎
- **e** 　慢性心不全の増悪

□ 対象となる入所者に投薬、検査、注射、処置等を行っているか

□ 診断、診断日、投薬・検査・注射・処置内容等を診療録に記載しているか

□ 治療の実施状況を公表しているか

□ 所定疾患施設療養費（Ⅱ）を算定していないか

□ 緊急時施設療養費の算定日に本加算を算定していないか

□ 同一入所者に1ケ月に1回、1回につき連続7日を限度に算定しているか

1 　所定疾患施設療養費（Ⅰ）

- ●本加算は、肺炎等により治療を必要とする状態となった入所者に対し、治療管理として投薬、検査、注射、処置等が行われた場合（肺炎の者又は尿路感染症の者については検査を実施した場合に限る）に算定します。
- ●本加算の算定開始年度の翌年度以降、前年度における入所者への投薬、検査、注射、処置等の実施状況について公表する必要があります。公表に当たっては、介護サービス情報の公表制度等を活用し、前年度の算定状況を報告します。
- ●所定疾患施設療養費と緊急時施設療養費は同時に算定することはできません。

167

第 2 章　介護報酬の算定要件

●同一の入所者について 1 ケ月に 1 回を限度として、1 回につき連続する 7 日を限度として算定します。算定は月 1 回に限られるため、1 ケ月に連続しない 1 日を 7 回算定することはできません。

2　所定疾患施設療養費（Ⅱ）

☐ 対象となる入所者は次の疾患にかかっているか
- **a**　肺炎
- **b**　尿路感染症
- **c**　帯状疱疹
- **d**　蜂窩織炎

☐ 対象となる入所者に投薬、検査、注射、処置等を行っているか

☐ 診断、診断の根拠、診断日、投薬・検査・注射・処置内容等（近隣の医療機関と連携し実施した検査等を含む）を診療録に記載しているか

☐ 治療の実施状況を公表しているか

☐ 施設の医師が感染症対策に関する研修を受講しているか

☐ 所定疾患施設療養費（Ⅰ）を算定していないか

☐ 緊急時施設療養費の算定日に本加算を算定していないか

☐ 同一入所者に 1 ケ月に 1 回、1 回につき連続 10 日を限度に算定しているか

2　所定疾患施設療養費（Ⅱ）

●医師が受講する「感染症対策に関する研修」については、公益社団法人全国老人保健施設協会や医療関係団体等が開催し、修了証が交付される研修である必要があります。

●その他の事項については、「**1** 所定疾患施設療養費（Ⅰ）」を参照してください。

●同一の入所者について 1 ケ月に 1 回を限度として、1 回につき連続する 10 日を限度として算定します。算定は月 1 回に限られるため、1 ケ月に連続しない 1 日を 10 回算定することはできません。

2 介護老人保健施設

（20） リハビリテーションマネジメント計画書情報加算

　医師、理学療法士、作業療法士、言語聴覚士等が共同して、リハビリテーション実施計画を入所者又はその家族等に説明して、継続的にリハビリテーションの質を管理している場合に算定する加算です。

○リハビリテーションマネジメント計画書情報加算（Ⅰ）

1ケ月につき 53 単位を加算

○リハビリテーションマネジメント計画書情報加算（Ⅱ）

1ケ月につき 33 単位を加算

※加算（Ⅰ）（Ⅱ）は併算定不可

〈チェック事項〉

1 リハビリテーションマネジメント計画書情報加算（Ⅰ）

☐ 入所者ごとのリハビリテーション計画書の内容等の情報を厚生労働省に提出しているか

☐ 必要に応じてリハビリテーション計画の内容を見直す等、リハビリテーションの実施に当たって、リハビリテーション計画書の情報、その他リハビリテーションの適切かつ有効な実施のために必要な情報を活用しているか

☐ 口腔衛生管理加算（Ⅱ）、栄養マネジメント強化加算を算定しているか

☐ 入所者ごとに、医師、管理栄養士、理学療法士、作業療法士、言語聴覚士、歯科衛生士、看護職員、介護職員その他の職種の者（関係職種）が、リハビリテーション計画の内容等の情報、その他リハビリテーションの適切かつ有効な実施のために必要な情報、入所者の口腔の健康状態に関する情報、入所者の栄養状態に関する情報を相互に共有しているか

☐ 共有した情報をふまえ、必要に応じてリハビリテーション計画の見直しを行い、見直し内容を、関係職種間で共有しているか

☐ リハビリテーションマネジメント計画書情報加算（Ⅱ）を算定していないか

169

第2章 介護報酬の算定要件

1 リハビリテーションマネジメント計画書情報加算（Ⅰ）

- 医師、理学療法士、作業療法士、言語聴覚士等が共同して、リハビリテーション計画を入所者又はその家族等に説明して、継続的にリハビリテーションの質を管理していることが必要です。

- 入所者ごとのリハビリテーション計画書の内容等の情報を厚生労働省に提出して、リハビリテーションの実施に当たって、当該情報、その他リハビリテーションの適切かつ有効な実施のために必要な情報を活用していることが必要です（LIFEへのデータ提出とフィードバックの活用）。

  → LIFEへの情報の提出頻度については、「解説　LIFEへの情報の提出頻度」90頁を参照

- リハビリテーション、口腔、栄養の一体的取組みについての基本的な考え方は通知「リハビリテーション・個別機能訓練、栄養、口腔の実施及び一体的取組について」を参考に、関係職種間で共有すべき情報は、同通知の様式1-2を参考とした上で、常に施設の関係職種が閲覧できるようにすることが必要です。

---

2 リハビリテーションマネジメント計画書情報加算（Ⅱ）

- ☐ 入所者ごとのリハビリテーション計画書の内容等の情報を厚生労働省に提出しているか
- ☐ 必要に応じてリハビリテーション計画の内容を見直す等、リハビリテーションの実施に当たって、リハビリテーション計画書の情報、その他リハビリテーションの適切かつ有効な実施のために必要な情報を活用しているか
- ☐ リハビリテーションマネジメント計画書情報加算（Ⅰ）を算定していないか

---

2 リハビリテーションマネジメント計画書情報加算（Ⅱ）

- LIFEへの情報の提出頻度については、「解説　LIFEへの情報の提出頻度」90頁を参照。

3 共　通

（1）身体拘束廃止未実施減算

身体的拘束等の適正化の義務に違反した施設に対する減算です。

○**身体拘束廃止未実施減算　　　所定単位数の 90％で算定**

〈チェック事項〉

---

1 減算になる場合

□ 次の身体的拘束適正化を図るための措置を講じていない場合に減算

　a 　身体的拘束等を行う場合には、その都度、その態様、時間、利用者の心身の状況、緊急やむを得ない理由を記録している

　b 　身体的拘束等の適正化のための対策を検討する委員会
　　　・委員会を 3 ケ月に 1 回以上開催
　　　・議事録を作成し、その内容を介護従業者、その他の従業者に周知徹底する

　c 　身体的拘束等の適正化のための指針を整備している

　d 　介護従業者その他の従業者に対し、身体的拘束等の適正化のための研修を年に 2 回以上実施している

---

1 減算になる場合

● 身体拘束廃止未実施減算は、運営基準上に規定されている身体的拘束等適正化を図るための措置を講じていない場合に、**入所者全員について所定単位数から減算します。** 具体的には、チェック事項にある **a ～ d** の措置を講じていないという事実が生じた場合に、3 ケ月後に改善計画に基づく改善状況を都道府県等に報告することとし、事実が生じた月の翌月から改善が認められた月までの間について減算になります。

　➡ **運営基準上の身体的拘束等適正化措置については 24 頁を参照**

● 身体的拘束等の適正化のための対策を検討する委員会では議事録、研修では研修記録が重要な記録書類となります。研修スケジュールに年 2 回の身体的拘束等の適正化のための研修を位置づけることも忘れてはいけません。

第 2 章　介護報酬の算定要件

● 身体的拘束等の適正化のための対策を検討する委員会（身体的拘束等適正化対策検討委員会）は、施設長（管理者）、事務長、医師、看護職員、介護職員、生活相談員など幅広い職種により構成します。構成メンバーの責務と役割分担を明確にするとともに、専任の身体的拘束等適正化対応策を担当する者を決めておくことが必要です。

● 身体的拘束等適正化対策検討委員会は、運営委員会など他の委員会と独立して設置・運営することが必要ですが、事故防止委員会及び感染対策委員会については、関係する職種等が身体的拘束等適正化対策検討委員会と相互に関係が深いと認められることから、これと一体的に設置・運営することも差し支えありません。身体的拘束等適正化対策検討委員会の責任者はケア全般の責任者であることが望ましく、第三者や専門家の活用、その方策として精神科専門医等の専門医の活用等が考えられます。

ポイント 身体的拘束等適正化のための指針に必要な項目

　「身体的拘束等の適正化のための指針」には、次のような項目を盛り込みます。

　a　施設における身体的拘束等適正化に関する基本的考え方

　b　身体的拘束等適正化対策検討委員会、その他施設内の組織に関する事項

　c　身体的拘束等の適正化のための職員研修に関する基本方針

　d　施設内で発生した身体的拘束等の報告方法等のための方策に関する基本方針

　e　身体的拘束等発生時の対応に関する基本方針

　f　入所者等に対する当該指針の閲覧に関する基本方針

　g　その他身体的拘束等適正化の推進のために必要な基本方針

3 共 通

（2）高齢者虐待防止措置未実施減算

虐待の発生等を防止する措置を講じていない施設に対する減算です。

○高齢者虐待防止措置未実施減算　　所定単位数の 99％で算定

〈チェック事項〉

1 減算になる場合

□ 次の高齢者の虐待の発生等を防止する措置を講じていない場合に減算

a　虐待防止のための対策を検討する委員会を定期的に開催しているか

b　施設における虐待防止のための指針を整備しているか

c　虐待防止のための研修を定期的に実施しているか

d　上記を適切に実施するための担当者を置いているか

1 減算になる場合

● 虐待の発生又はその再発を防止するための措置のうち、**1 つでも行われていない場合は、減算**となります。

● 上記の措置を講じていない場合、速やかに改善計画を都道府県知事に提出します。さらに、その事実が生じた月から 3 ケ月後に、改善計画に基づく改善状況を都道府県知事に報告する必要があります。

● その事実が生じた月の翌月から改善が認められた月までの間、入所者全員について所定単位数から減算することになります。

➡ 虐待発生等の防止措置については、「解説　高齢者の虐待の発生等を防止する措置」46 頁を参照

ポイント ▶ 運営指導で虐待発生等の防止措置の未実施が発覚した場合

　運営指導で未実施が発覚した場合には、過去に遡及して減算を適用することはできず、発見した日の属する月が「事実が生じた月」となり、改善計画の提出の有無にかかわらず、事実が生じた月の翌月から減算が適用されます。減算は、施設から改善計画が提出されて、事実が生じた月から 3 ケ月以降に改善計画に基づく改善が認められた月まで継続されます。

173

第 2 章　介護報酬の算定要件

（3）業務継続計画未策定減算

　業務継続計画を策定していない施設に対する減算です。令和 7 年 4 月 1 日から適用されます。

　○業務継続計画未策定減算　　所定単位数の 97％で算定

〈チェック事項〉

> **1 減算になる場合**
>
> □ 感染症及び災害発生時における業務継続計画（BCP）を策定していない場合に減算

1 減算になる場合

- 感染症あるいは災害発生時のいずれか、又は両方の業務継続計画（BCP）が未策定の場合、基本報酬が減算されます。なお、BCP の周知、研修、訓練、見直しの未実施については、減算の対象にはなりません。

- 業務継続計画が策定されていない場合、その事実が生じた翌月（事実が生じた日が月の初日の場合はその月）から、未策定の状況が解消された月まで、施設の入所者全員について所定単位数から減算されます。

- 経過措置として、令和 7 年 3 月 31 日までの間、「感染症の予防及びまん延の防止のための指針」及び「非常災害に関する具体的計画」を策定している場合は、本減算が適用されません。

　➡ 業務継続計画（BCP）の研修等については、第 1 章「ポイント　業務継続計画（BCP）の研修と訓練」43 頁を参照

3 共　通

ポイント ▸ 運営指導で発覚した場合

　運営指導で業務継続計画の未策定が発覚した場合には、「基準を満たさない事実が生じた時点」まで遡って減算が適用されます。例えば、令和7年10月の運営指導において業務継続計画の未策定が判明した場合は、令和7年4月から減算の対象となります。

注意！ ▸ 策定の義務化は令和6年4月から！

　経過措置により本減算の適用は令和7年4月1日からですが、令和7年3月31日までの間は減算にならないという規定はあくまでも介護報酬の算定要件です。運営基準では令和6年4月から策定が義務化されています。そのため、運営指導等において、業務継続計画の未策定が判明した場合でも経過措置の期間は減算にはなりませんが、**運営基準違反に該当する**ために指導対象となります。減算の有無にかかわらず、早期の策定が求められます。

第 2 章　介護報酬の算定要件

（4）安全管理体制未実施減算

事故発生の防止・発生時の対応について基準を満たさない場合の減算です。

○安全管理体制未実施減算　　1日につき5単位を所定単位数から減算

〈チェック事項〉

1　減算になる場合

□ 事故の発生・再発を防止するため、次の措置を講じていない場合に減算

　a　事故が発生した場合の対応、報告の方法等が記載された事故発生の防止のための指針を整備している

　b　事故が発生した場合又はそれに至る危険性がある事態が生じた場合、その事実が報告され、分析を通じた改善策を従業者に周知徹底する体制を整備している

　c　事故発生の防止のための委員会（テレビ電話装置等を活用可）及び従業者に対する研修を定期的に実施している

　d　a～cの措置を適切に実施するための担当者を置いている

1　減算になる場合

● 安全対策担当者を専任して、運営基準における事故の発生又は再発を防止するための措置が講じられていない場合に**入所者全員について**所定単位数から減算となります。

(5) 栄養ケア・マネジメント未実施減算

栄養管理の基準を満たさない場合の減算です。

〇栄養ケア・マネジメント未実施減算

1日につき14単位を所定単位数から減算

〈チェック事項〉

> **1 減算になる場合**
>
> □ 次の事項を実施していない場合に減算
>   a 栄養士又は管理栄養士を1人以上配置している
>   b 入所者の栄養状態の維持・改善を図り、自立した日常生活を営むことができるよう、各入所者の状態に応じた栄養管理を計画的に行っている

1 減算になる場合

● a・b を実施していない場合、**入所者全員について**減算となります。

第2章　介護報酬の算定要件

（6）初期加算

　施設に入所した当初には、入所者が施設での生活に慣れるためにさまざまな支援を必要とすることから、これらの支援について評価する加算です。

○**介護老人福祉施設　　1日につき30単位を加算**

〈チェック事項〉

---

1 初期加算

□ 加算の算定が次のいずれかの期間内となっているか
　a　入所日から30日以内
　b　30日を超える入院後に再入所した日から30日以内
□ 過去3ケ月間※に当該施設への入所はないか
　　※日常生活自立度のランクⅢ・Ⅳ・Mの入所者の場合は過去1ケ月間
□ 算定期間中の外泊時に算定していないか

---

1 初期加算

● 本加算は、入所日から30日以内の期間、1日につき所定の単位数を算定します。30日を超える病院等への入院後に再度入所した場合も同様です。

● 入所者が過去3ケ月間（日常生活自立度のランクⅢ・Ⅳ・Mに該当する場合は過去1ケ月間）に、当該施設に入所した実績がない場合に限り算定できます。

● 短期入所サービスの利用者が日を空けずに、又はその翌日から引き続き入所した場合は、入所直前の短期利用の利用日数を30日から控除した日数に限り算定できます。

○介護老人保健施設

初期加算（Ⅰ）　　1日につき60単位を加算

初期加算（Ⅱ）　　1日につき30単位を加算

〈チェック事項〉

1 初期加算（Ⅰ）

☐ 急性期医療を担う医療機関の一般病棟への入院後30日以内に退院して施設に入所した者を対象としているか

☐ 入所日から30日以内に算定しているか

☐ 過去3ケ月間に当該施設への入所はないか
※日常生活自立度ランクⅢ・Ⅳ・Mの入所者の場合は過去1ケ月間

☐ 算定期間中の外泊時に算定していないか

☐ 初期加算（Ⅱ）を算定していないか

☐ 次の**a・b**のいずれかに該当しているか

　a　施設の空床情報について、地域医療情報連携ネットワーク等を通じ、地域の医療機関に定期的に共有している

　b　施設の空床情報について、施設のWebサイトに定期的に公表するとともに、急性期医療を担う複数の医療機関の入退院支援部門に対し、定期的に当該情報を共有している

1　初期加算（Ⅰ）

● 初期加算（Ⅰ）は、入院による要介護者のADLの低下等を防ぐため、急性期医療を担う医療機関の一般病棟から介護老人保健施設への受入れを促進する観点や、医療的な状態が比較的不安定である者を受け入れる手間を評価する観点から、当該医療機関の入院日から起算して30日以内に退院した者を受け入れた場合について評価するものです。

● 過去3ケ月間に当該施設に入所している場合は算定できません。当該施設の短期入所療養介護を利用後に日を空けずにそのまま入所した場合は、30日から短期入所療養介護の利用日数を引いた日数に限って算定できます。

第2章　介護報酬の算定要件

- 施設の空床情報については、地域医療情報ネットワークに限らず、電子的システムにより、医療機関が随時確認できればよいとされています。また、医療機関への定期的な情報共有については、対面に限らず、電話や電子メール等による方法で共有することとしても問題ありません。
- 急性期医療を担う医療機関の一般病棟とは、具体的には、急性期一般入院基本料、7対1入院基本料もしくは10対1入院基本料（特定機能病院入院基本料（一般病棟に限る）又は専門病院入院基本料に限る）、救命救急入院料、特定集中治療室管理料、ハイケアユニット入院医療管理料、脳卒中ケアユニット入院医療管理料、地域包括医療病棟入院基本料、一類感染症患者入院医療管理料又は特殊疾患入院医療管理料を算定する病棟を指します。
- 急性期医療を担う医療機関の一般病棟から退院後、別の医療機関や病棟、居宅等を経由した上で介護老人保健施設に入所する場合においても、施設の入所日が急性期医療を担う医療機関の一般病棟への入院日から起算して30日以内であれば、算定可能です。

---

2 初期加算（Ⅱ）

- ☐ 入所日から30日以内に算定しているか
- ☐ 過去3ケ月間に当該施設への入所はないか
  　※日常生活自立度ランクⅢ・Ⅳ・Ｍの入所者の場合は過去1ケ月間
- ☐ 算定期間中の外泊時に算定していないか
- ☐ 初期加算（Ⅰ）を算定していないか

---

2 初期加算（Ⅱ）

- 初期加算（Ⅰ）と（Ⅱ）は同時に算定できません。

3 共　通

（7）夜勤職員配置加算

　夜間における入所者の安全確保を強化するために、夜勤職員について、人員基準上の配置人数より多く配置することを評価する加算です。

○介護老人福祉施設（単位数は1日につき）

夜勤職員配置加算（Ⅰ）イ	22 単位	従来型（入所定員 30 人以上 50 人以下）
夜勤職員配置加算（Ⅰ）ロ	13 単位	従来型（入所定員 51 人以上又は経過的小規模）
夜勤職員配置加算（Ⅱ）イ	27 単位	ユニット型（入所定員 30 人以上 50 人以下）
夜勤職員配置加算（Ⅱ）ロ	18 単位	ユニット型（入所定員 51 人以上又は経過的小規模）
夜勤職員配置加算（Ⅲ）イ	28 単位	従来型（入所定員 30 人以上 50 人以下）
夜勤職員配置加算（Ⅲ）ロ	16 単位	従来型（入所定員 51 人以上又は経過的小規模）
夜勤職員配置加算（Ⅳ）イ	33 単位	ユニット型（入所定員 30 人以上 50 人以下）
夜勤職員配置加算（Ⅳ）ロ	21 単位	ユニット型（入所定員 51 人以上又は経過的小規模）

第 2 章　介護報酬の算定要件

〈チェック事項〉

1 夜勤職員配置加算（Ⅰ）（Ⅱ）（Ⅲ）（Ⅳ）共通

□ 夜勤職員数に 1 以上加えた職員を配置しているか

□ 以下の場合は夜勤職員数 0.9 を加えた数以上配置しているか

　a　入所者の動向を検知できる見守り機器を、入所者数の 10% 以上設置

　b　入所者の安全並びに介護サービスの質の確保及び職員の負担軽減に資する
　　　方策を検討するための委員会を設置し、必要な検討等が行われている

□ 以下の場合は夜勤職員数 0.6 を加えた数以上（人員配置基準の緩和を適用
　する場合は 0.8以上）配置しているか

　a　夜勤時間帯を通じて、見守り機器を入所者数以上設置

　b　夜勤時間帯を通じて、夜勤を行うすべての介護職員又は看護職員が、情報通
　　　信機器を使用し、職員同士の連携促進が図られていること

　c　見守り機器等を活用する際の安全体制及びケアの質の確保ならびに職員の負
　　　担軽減に関する次に掲げる事項を実施し、入所者の安全並びに介護サービス
　　　の質の確保及び職員の負担軽減に資する方策を検討するための委員会を設置
　　　していること

　　ⅰ　入所者の安全及びケアの質の確保

　　ⅱ　職員の負担の軽減及び勤務状況への配慮

　　ⅲ　介護機器等の定期的な点検

　　ⅳ　介護機器等を安全かつ有効に活用するための職員研修

2 夜勤職員配置加算（Ⅰ）（Ⅱ）

□ 夜勤を行う職員の数は 1 日平均夜勤職員数とし、算出方法は適切か

3 共　通

> ### 3 夜勤職員配置加算（Ⅲ）（Ⅳ）
>
> ☐ 夜勤時間帯を通じて、看護職員又は次のいずれかに該当する介護職員を1
> 人以上配置しているか
>
>   **a** 介護福祉士であって、社会福祉士及び介護福祉士法施行規則第1条各号に
>   掲げる行為のうちいずれかの行為に係る実地研修を修了している者（喀痰
>   吸引業務の登録必要）
>
>   **b** 特定登録者であって、特定登録証の交付を受けている者（喀痰吸引業務の
>   登録必要）
>
>   **c** 新特定登録者であって、新特定登録証の交付を受けている者（喀痰吸引業
>   務の登録必要）
>
>   **d** 社会福祉士及び介護福祉士法に規定する認定特定行為業務従事者（特定行
>   為業務の登録必要）

2 夜勤職員配置加算（Ⅰ）（Ⅱ）

● 1日の平均夜勤職員数は、暦月ごとに夜勤時間帯（午後10時から翌日の午前
5時までの時間をコア時間として、その前後の連続する16時間）における延
夜勤時間数を、当該月の日数に16を乗じて得た数で除することによって算定
した職員数です。小数点第3位以下は切り捨てます。

● この夜勤時間帯に勤務する夜勤、早番、遅番など職員の勤務時間をすべて含め
て延夜勤時間数を算出します。夜勤時における休憩時間の考え方については、
通常の休憩時間は、勤務時間に含まれるものとして延夜勤時間数に含めて差し
支えありません。ただし、大半の時間において仮眠をとっているなど、実態と
して宿直に近い状態にあるような場合まで含めることは認められません。

3 夜勤職員配置加算（Ⅲ）（Ⅳ）

● 夜勤職員配置加算（Ⅲ）（Ⅳ）は、延夜勤時間数による計算ではなく、夜勤時
間帯を通じて職員を配置することにより要件を満たすものです。月ごとに（Ⅰ）
〜（Ⅳ）いずれかの加算を算定している場合、同1ケ月にその他の区分は算
定できません。喀痰吸引等ができる職員を配置できる日とできない日がある場
合、要件を満たした日についてのみ夜勤職員配置加算（Ⅲ）（Ⅳ）を算定する

183

ことは可能ですが、配置できない日に（Ⅰ）（Ⅱ）を算定することはできません。そのため、喀痰吸引等ができる職員を配置できない日がある場合は、当該月においては（Ⅲ）（Ⅳ）ではなく（Ⅰ）（Ⅱ）を算定することが望ましいとされています。

○介護老人保健施設　　1日につき24単位を加算

〈チェック事項〉

> **1 夜勤職員配置加算**
>
> ☐ 入所者数41人以上の場合、夜勤を行う看護職員又は介護職員が2名を超えて配置、かつ入所者数が20人に対して1以上配置しているか
> ☐ 入所者数40人以下の場合、夜勤を行う看護職員又は介護職員が1名を超えて配置、かつ入所者数が20人に対して1以上配置しているか
> ☐ 夜勤を行う職員の数は1日平均夜勤職員数とし、算出方法は適切か

1　夜勤職員配置加算

● 夜勤を行う職員の数は、介護老人福祉施設の夜勤職員配置加算（Ⅰ）（Ⅱ）と同様に算出します。

○**夜勤職員配置加算の人数の考え方**

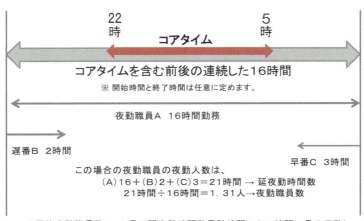

3 共　通

（8）若年性認知症入所者受入加算

　若年性認知症の入所者を受け入れ、個別に担当者を定めた上で、入所者の特性やニーズに応じたサービスの提供を評価するものです。

○若年性認知症入所者受入加算　　１日につき 120 単位を加算

〈チェック事項〉

1 対象者

□ 対象者は次のいずれにも該当しているか
- **a** 若年性認知症の診断を受けている
- **b** 第二号被保険者である

2 サービスの提供

□ 若年性認知症の入所者ごとに個別に担当者を定めているか
□ 担当者中心に入所者の特性やニーズに応じたサービスを提供しているか

3 他加算との関係

□ 認知症行動・心理症状緊急対応加算を算定していないか

第 2 章　介護報酬の算定要件

1 対象者

- 本加算は、若年性認知症の入所者に対してサービスの提供を行った場合に算定します。
- 入所者の **65 歳の誕生日の前々日まで**が算定対象で、65 歳になると算定できません。

2 サービスの提供

- 担当者は介護職員の中から定めますが、人数や資格等の要件は問われません。

3 他加算との関係

- 認知症行動・心理症状緊急対応加算を算定している場合は、本加算は算定できません。

（9）外泊時費用

入所者が外泊や入院をしている間、体制を確保している場合に、所定単位数に代えて算定できる費用です。

○外泊時費用

介護老人福祉施設	1日につき 246 単位
介護老人保健施設	1日につき 362 単位

〈チェック事項〉

１ 外泊時費用

☐ 外泊又は入院した場合、１ケ月に６日までの算定としているか

☐ 所定単位数に代えて１日につき所定単位を算定しているか

☐ 外泊等の初日と最終日に算定していないか

☐ 入所者の外泊期間中に、入所者の空床を短期入所の利用に供した場合に算定していないか

１ 外泊時費用

- 入所者に対して居宅における外泊を認めた場合は、１ケ月に６日を限度として所定単位数に代えて算定します。ただし、外泊の初日及び最終日は算定できません。

- 入所者の外泊の期間中にそのまま退所した場合は、退所した日の外泊時の費用は算定できますが、外泊の期間中にそのまま併設医療機関に入院した場合には、入院日以降については外泊時の費用は算定できません。

- 外泊時の費用の算定に当たって、１回の外泊で月をまたぐ場合は最大で連続13泊（12日分）まで外泊時の費用の算定が可能です。なお、外泊の期間中に居宅介護サービス費を算定することはできません。

○通常の場合

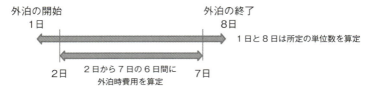

○月をまたぐ場合

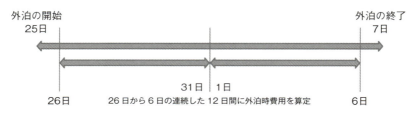

3 共　通

（10）外泊時在宅サービス利用費用／
　　　　外泊時費用（在宅サービスを利用する場合）

　入所者に対して居宅における外泊を認め、介護保険施設が在宅サービスを提供する場合は、所定単位数に代えて算定できる費用です。1ケ月に6日を限度として算定します。

○外泊時費用

介護老人福祉施設 【外泊時在宅サービス利用費用】	1日につき560単位
介護老人保健施設 【外泊時費用（在宅サービスを利用する場合）】	1日につき800単位

〈チェック事項〉

1 外泊時在宅サービス利用費用

- ☐ 入所者が居宅における外泊をし、介護保険施設が在宅サービスを提供しているか
- ☐ 1ケ月に6日までの算定としているか
- ☐ 所定単位数に代えて1日につき所定単位を算定しているか
- ☐ 外泊等の初日と最終日に算定していないか
- ☐ 外泊時費用を算定していないか
- ☐ 入所者の外泊期間中に、入所者の空床を短期入所の利用に供した場合に算定していないか

1 外泊時在宅サービス利用費用

● 外泊時在宅サービスの提供を行うに当たって、その病状、身体の状況に照らし、医師、看護・介護職員、生活相談員、介護支援専門員等により、その居宅において在宅サービス利用を行う必要性があるかどうか検討する必要があります。また、入所者又は家族に対しては加算の趣旨を十分説明し、同意を得た上で実施します。

189

第2章　介護報酬の算定要件

● 外泊時在宅サービスの提供に当たっては、外泊時利用サービスに係る在宅サービスの計画を作成します。施設の従業者や居宅サービス事業者等との連絡調整を行い、その入所者が可能な限りその居宅で、その有する能力に応じて自立した日常生活を営むことができるように配慮した計画を作成します。

● サービスの提供は、介護保険施設が他の指定居宅サービス事業所へ委託する方法や、併設事業所が行うなどの方法もあります。算定期間中は、施設の従業者又は指定居宅サービス事業者等により、計画に基づく適切な居宅サービスを提供し、居宅サービスの提供を行わない場合はこの加算は対象となりません。

● 入所者の外泊期間中は、入所者の同意があれば、そのベッドを短期入所生活介護、短期入所療養介護に活用することが可能です。この場合、外泊時在宅サービス利用費用を併せて算定することはできません。

ポイント ▶ 外泊時には家族の協力も必要です

家族等に対し、以下の指導を事前に行うことが望ましいとされています。

a　食事、入浴、健康管理等在宅療養に関する指導

b　当該入所者の運動機能及び日常生活動作能力の維持及び向上を目的として行う体位変換、起座又は離床訓練、起立訓練、食事訓練、排せつ訓練の指導

c　家屋の改善の指導

d　当該入所者の介助方法の指導

ポイント ▶ 外泊時費用に続けて外泊時在宅サービス利用費用も算定できます

外泊時費用を算定する場合には外泊時在宅サービス利用費用は算定できません。ただし、外泊時費用、外泊時在宅サービス利用費用とも月に6日ずつしか算定できませんが、それぞれ月に6日ずつ、12日間算定することは可能です。

3 共　通

（11）退所時情報提供加算

　退所後に居宅又は医療機関で療養を続ける入所者について、主治医に情報提供を行った場合に、1回に限り算定する加算です。

○介護老人福祉施設

退所時情報提供加算　　1回につき 250 単位を加算

〈チェック事項〉

1 退所時情報提供加算

- □ 入所者 1 人につき 1 回の算定に限っているか
- □ 入所者が退所して医療機関に入院する場合に算定しているか
- □ 退所後の主治医に診療状況、心身の状況、生活歴等の情報を提供した上で紹介を行っているか
- □ 主治医への紹介について、本人の同意を得ているか

1 退所時情報提供加算

- ●本加算は令和 6 年度の介護報酬改定により新設された加算で、対象者が退所後に医療機関に入院する場合に算定するものです。
- ●入所者が退所して医療機関に入院する場合、当該医療機関に対して、入所者を紹介するに当たっては、所定の様式※に必要な事項を記載の上、当該医療機関に交付するとともに、交付した文書の写しを介護記録等に添付します。
- ●入所者が医療機関に入院後、その医療機関を退院し、同一月に再度その医療機関に入院する場合には、本加算は算定できません。
  ※ 「指定居宅サービスに要する費用の額の算定に関する基準（短期入所サービス及び特定施設入居者生活介護に係る部分）及び指定施設サービス等に要する費用の額の算定に関する基準の制定に伴う実施上の留意事項について（平成 12 年老企第 40 号）」の別紙様式 13

第 2 章　介護報酬の算定要件

○介護老人保健施設

退所時情報提供加算（Ⅰ）　　1 回につき 500 単位を加算

退所時情報提供加算（Ⅱ）　　1 回につき 250 単位を加算

〈チェック事項〉

> **1 退所時情報提供加算（Ⅰ）**
>
> □ 入所者 1 人につき 1 回の算定に限っているか
> □ 入所者が退所して居宅で療養を続ける場合に算定しているか
> □ 退所後の主治医に診療状況、心身の状況、生活歴等の情報を提供した上で紹介を行っているか
> □ 主治医への紹介について、本人の同意を得ているか

1 退所時情報提供加算（Ⅰ）

● 本加算は対象者が退所後に居宅で療養を続ける場合に算定するものです。したがって、退所後、医療機関への入院や他の介護保険施設に入所する場合は算定できません。ただし、退所後に社会福祉施設（有料老人ホーム、養護老人ホーム、軽費老人ホーム、グループホーム等）に入所する場合は算定できます。

● 退所後の主治医への紹介については、事前に主治医と調整して、所定の様式[※1]に必要な事項を記載の上、入所者又は主治医に交付します。文書には、入所者の諸検査の結果、薬歴、退所後の治療計画等を示す書類を添付します。

　※1「指定居宅サービスに要する費用の額の算定に関する基準（短期入所サービス及び特定施設入居者生活介護に係る部分）及び指定施設サービス等に要する費用の額の算定に関する基準の制定に伴う実施上の留意事項について（平成 12 年老企第 40 号）」の別紙様式 2、同 13

● 主治医に交付した文書の写しは診療録に添付します。

〈チェック事項〉

> **2 退所時情報提供加算（Ⅱ）**
>
> ☐ 入所者 1 人につき 1 回の算定に限っているか
> ☐ 入所者が退所して医療機関に入院する場合に算定しているか
> ☐ 退所後の主治医に診療状況、心身の状況、生活歴等の情報を提供した上で紹介を行っているか
> ☐ 主治医への紹介について、本人の同意を得ているか

2 退所時情報提供加算（Ⅱ）

● 本加算は令和 6 年度の介護報酬改定により新設された区分で、対象者が退所後に医療機関に入院する場合に算定するものです。

● 入所者が退所して医療機関に入院する場合、当該医療機関に対して、入所者を紹介するに当たっては、所定の様式※2に必要な事項を記載の上、当該医療機関に交付するとともに、交付した文書の写しを診療録に添付します。

※ 2「指定居宅サービスに要する費用の額の算定に関する基準（短期入所サービス及び特定施設入居者生活介護に係る部分）及び指定施設サービス等に要する費用の額の算定に関する基準の制定に伴う実施上の留意事項について（平成 12 年老企第 40 号）」の別紙様式 13

● 入所者が医療機関に入院後、その医療機関を退院し、同一月に再度その医療機関に入院する場合には、本加算は算定できません。

第２章　介護報酬の算定要件

（12）協力医療機関連携加算

協力医療機関と施設の間で、入所者の現病歴等の情報共有を行う会議を定期的に開催することを評価する加算です。

○**協力医療機関連携加算**

協力医療機関が〈チェック事項〉の a ～ c の要件を満たす場合

　　　　　　　　　　　１ケ月につき100単位を加算（令和６年度）

　　　　　　　　　　　１ケ月につき50単位を加算（令和７年度～）

それ以外の場合　　　１ケ月につき５単位を加算

〈チェック事項〉

１ 協力医療機関連携加算

☐ 協力医療機関は次の要件（３要件）を満たしているか

　a　入所者の病状が急変した場合等に、医師又は看護職員が相談対応を行う体制を常時確保している

　b　施設から診療の求めがあった場合に、診療を行う体制を常時確保している

　c　入所者の病状が急変した場合等に、施設の医師又は協力医療機関、その他の医療機関の医師が診療を行い、入院が必要と認められた入所者の入院を原則として受け入れる体制を確保している

☐ 協力医療機関と病歴等の情報を共有する会議を定期的に開催しているか

☐ 上記会議の開催に当たって、入所者の同意を得ているか

１ 協力医療機関連携加算

● 会議では、特に協力医療機関に対して診療を求める可能性が高い入所者や新規入所者を中心に、情報共有や対応の確認等を行います。毎回の会議で、必ずしも入所者全員について詳細な病状等を共有しなくても差し支えありません。

● 複数の医療機関を協力医療機関として定めることにより、協力医療機関の３要件を満たす場合には、それぞれの医療機関と会議を行う必要があります。

3 共　通

● 協力医療機関の3要件を満たす場合で、運営基準に規定する届出として医療機関の情報を都道府県等に届け出ていない場合には、速やかに届け出る必要があります。

● 「会議を定期的に開催」とは、おおむね月に1回以上開催されている必要があります。ただし、電子的システムにより協力医療機関が施設の入所者の情報が随時確認できる体制が確保されている場合には、定期的に年3回以上開催することで差し支えありません。また、協力医療機関へ診療の求めを行う可能性の高い入所者がいる場合には、より高い頻度で情報共有等を行う会議を実施することが望ましいです。

● 会議は、テレビ電話装置等を活用して行うことができます。

● 本加算における会議は、入所者の病状が急変した場合の対応の確認と一体的に行うこととしても差し支えありません。

● 会議の開催状況は、その概要を記録しなければなりません。

● 会議に出席する職種は問いませんが、入所者の病歴その他健康に関する情報を協力医療機関の担当者に説明でき、急変時等における当該協力医療機関との対応を確認できる者が出席することが望ましいです。

> **ポイント** 複数の協力医療機関と会議を開催する場合とは？
>
> 　複数の医療機関を協力医療機関として定めることにより、協力医療機関の3要件を満たす場合には、それぞれの医療機関と会議を行う必要があります。
>
> 　しかし、3要件すべてを満たす医療機関を、協力医療機関として複数定めている場合には、会議はそのうちの1つの医療機関と行うことで差し支えありません。

第 2 章　介護報酬の算定要件

（13）栄養マネジメント強化加算

　入所者の栄養状態の維持及び改善を図り、自立した日常生活を営むことができるよう、入所者全員へのていねいな栄養ケアの実施や体制強化等を評価する加算です。

○栄養マネジメント強化加算　　1 日につき 11 単位を加算

〈チェック事項〉

> **1 栄養マネジメント強化加算**
>
> □ 管理栄養士を常勤換算方法で入所者の数を 50（施設に常勤栄養士を 1 人以上配置し、給食管理を行っている場合は 70）で除して得た数以上配置しているか
>
> 　※調理業務の委託先において配置される栄養士・管理栄養士の数は含まない
> 　※「給食管理」とは、給食の運営を管理として行う、調理管理、材料管理、施設等管理、業務管理、衛生管理及び労働衛生管理を指す。調理業務のみを行っている場合は、該当しない
>
> □ 低栄養状態のリスクが高い入所者に対して、医師、管理栄養士、看護師等が共同して作成した栄養ケア計画に従い、食事の観察（ミールラウンド）を週 3 回以上行い、入所者ごとの栄養状態、嗜好等をふまえた食事の調整等を実施しているか
>
> □ 低栄養状態のリスクが低い入所者にも、食事の際に変化を把握して、問題がある場合は、早期に対応しているか
>
> □ 入所者ごとの栄養状態等の情報を LIFE を用いて厚生労働省に提出し、フィードバックを活用しているか
>
> □ 栄養管理の基準を満たしているか

1 栄養マネジメント強化加算

● 常勤換算方法での管理栄養士の員数の算出方法は以下の通りです。

　暦月ごとの職員の勤務延時間数÷常勤の職員が勤務すべき時間

　※小数点第 2 位以下切り捨て
　※やむを得ない事情により、配置されていた職員数が一時的に減少した場合は、1 ケ月を超えない期間内に職員が補充されれば、職員数が減少しなかったものとみなす

※員数を算定する際の入所者数は、当該年度の前年度の平均を用いる（前年度の全入所者の延数を当該前年度の日数で除して得た数。小数点第2位以下は切り上げ）

● 低栄養状態のリスク評価は、「リハビリテーション・個別機能訓練、栄養、口腔の実施及び一体的取組について」（令和6年3月15日老高発0315第2号・老認発0315第2号・老老発0315第2号）に基づき行います。ただし、低栄養状態のリスクが中リスクに該当する者のうち、経口による食事の摂取を行っておらず、栄養補給法以外のリスク分類に該当しない場合は、低リスクに該当する者に準じた対応とします。

● 低栄養状態のリスクが、中リスク及び高リスクに該当する者に対しては、管理栄養士等が以下 a ～ e の対応を行います。

a 基本サービスとして、医師、歯科医師、管理栄養士、看護師、介護支援専門員その他の職種の者が共同して作成する栄養ケア計画に、低栄養状態の改善等を行うための栄養管理方法や食事の観察の際に特に確認すべき点等を示すこと。

b 栄養ケア計画に基づき、食事の観察を週3回以上行い、当該入所者の栄養状態、食事摂取量、摂食・嚥下の状況、食欲・食事の満足感、嗜好をふまえた食事の調整や、姿勢、食具、食事の介助方法等の食事環境の整備等を実施する。

c 食事の観察については、管理栄養士が行うことを基本とし、必要に応じ、関連する職種と連携して行う。やむを得ない事情により、管理栄養士が実施できない場合は、介護職員等の他の職種の者が実施し、観察結果を管理栄養士に報告する。
※経口維持加算を算定している場合は、当該加算算定に係る食事の観察を兼ねても差し支えない。

d 食事の観察の際に、問題点が見られた場合は、速やかに関連する職種と情報共有を行い、必要に応じて栄養ケア計画を見直し、見直し後の計画に基づき対応する。

e 当該入所者が退所し、居宅での生活に移行する場合は、入所者又はその家族に対し、管理栄養士が退所後の食事に関する相談支援を行う。また、他の介護保険施設や医療機関に入所（入院）する場合は、入所中の栄養管理に関する情報（必要栄養量、食事摂取量、嚥下調整食の必要性（嚥下食コード）、食事上の留意事項等）を入所先（入院先）に提供する。

● 低栄養状態のリスクが低リスクに該当する者については、c に掲げる食事の観察の際に、あわせて食事の状況を把握し、問題点が見られた場合は、速やかに関連する職種と情報共有し、必要に応じて栄養ケア計画を見直し、見直し後の計画に基づき対応します。

● 入所者ごとの栄養状態等の情報を厚生労働省に提出し、継続的な栄養管理の実施に当たって、情報その他継続的な栄養管理の適切かつ有効な実施のために必

要な情報を活用していること（LIFEへのデータ提出とフィードバックの活用）が求められます。

　➡ LIFEへの情報の提出頻度については、「解説　LIFEへの情報の提出頻度」90頁を参照
- 通所サービスと、管理栄養士に関する提携体制をとる場合、栄養マネジメント強化加算の配置人数を超えて配置している場合のみ、可能となります。

> **ポイント** 栄養ケアの計画に必要な項目
>
> 　栄養ケア計画は厚生労働省が示している様式（「リハビリテーション・個別機能訓練、栄養、口腔の実施及び一体的取組について（令和6年3月15日老高発0315第2号・老認発0315第2号・老老発0315第2号）」）又はそれに準じた様式となっており、以下の項目を含んでいる必要があります。
> 　a　栄養補給に関する事項（栄養補給量、補給方法、エネルギー・たんぱく質・水分の補給、療養食の適用、食事の形態等食事の提供に関する事項等）
> 　b　栄養食事相談に関する事項（食事に関する内容の説明等）
> 　c　解決すべき事項に対し関連職種が共同して取り組むべき事項
> 　なお、施設サービス計画に栄養ケア計画に相当する内容を記載することもできます。歯科医師の関与及び配置は必須ではなく、必要に応じて行います。

3 共　通

（14）経口移行加算

　経管栄養により食事を摂取している入所者について、経口により食事を摂ることができるよう、計画の作成と実施をしていることを評価する加算です。

○経口移行加算　　1日につき28単位を加算

〈チェック事項〉

1　経口移行加算

- ☐ 医師、管理栄養士等が多職種共同で経口移行計画を作成しているか
- ☐ 入所者、家族等に計画を説明し、同意を得ているか
- ☐ 計画に従い、栄養管理及び支援が行われた場合に、計画が作成された日から起算して180日以内の期間に限り算定しているか
- ☐ 栄養管理の基準を満たしているか

1　経口移行加算

- ● 医師の指示に基づき、医師、歯科医師、管理栄養士、看護師、介護支援専門員その他の職種など、多職種が共同して、現に経管により食事を摂取している入所者ごとに経口移行計画を作成します。また、その計画に従い、医師の指示を受けた管理栄養士、栄養士が経口による食事の摂取を進めるための栄養管理と言語聴覚士、看護職員による支援を行います。
- ● 経口による食事の摂取を進めるための栄養管理の方法等を示した経口移行計画は、栄養ケア計画と一体のものとして作成します。なお、施設サービス計画に経口移行計画に相当する内容を記載することで、経口移行計画の作成に代えることができます。
- ● 算定できるのは計画が作成された日から起算して180日以内ですが、この期間を超えても、栄養管理が必要とされるときには引き続き算定できます。この場合は、医師の指示をおおむね2週間ごとに受けます。

第2章　介護報酬の算定要件

● 経口移行加算を 180 日間にわたり算定した後、経口摂取に移行できなかった場合に、期間を空けて再度経口摂取に移行するための栄養管理及び支援を実施しても、再度算定することはできません。入所者 1 人につき、1 回限りです。

算定開始➡　　180 日経過➡

経口移行加算算定	180 日を超えて支援を継続する場合、算定可能	
	経口支援の中断	➡ 期間を空けた場合、再度算定不可

● 口腔の状態によっては、歯科医療における対応を要する場合も想定されます。必要に応じて、介護支援専門員を通じて主治の歯科医師への情報提供を実施するなどの適切な措置を講じましょう。

注意! ▶経管から経口への移行は、誤嚥性肺炎の危険にも配慮して

　経管栄養法から経口栄養法への移行は、場合によっては、誤嚥性肺炎の危険も生じ得ることから、次の項目について確認した上で実施します。

　a　全身状態が安定していること（血圧、呼吸、体温が安定しており、現疾患の病態が安定していること）

　b　刺激しなくても覚醒を保っていられること

　c　嚥下反射が見られること（唾液嚥下や口腔、咽頭への刺激による喉頭挙上が認められること）

　d　咽頭内容物を吸引した後は唾液を嚥下しても「むせ」がないこと

3 共　通

(15) 経口維持加算

　経口維持加算は、現在経口により食事を摂取する入所者で、摂取機能障害を有し、誤嚥が認められる入所者が対象となります。

○経口維持加算

経口維持加算（Ⅰ）	1ケ月につき400単位を加算
経口維持加算（Ⅱ）	1ケ月につき100単位を加算

〈チェック事項〉

1 経口維持加算（Ⅰ）

- □ 摂食機能障害があり、誤嚥が認められ、経口による食事摂取のための管理が必要と医師又は歯科医師が指示しているか
- □ 誤嚥等が発生した場合の管理体制が整備されているか
- □ 食物形態の配慮等誤嚥防止のための適切な配慮はあるか
- □ 医師、歯科医師等が多職種共同で経口維持計画を作成しているか
- □ 入所者、家族等に計画を説明し、同意を得ているか
- □ 計画に基づく栄養管理を実施しているか
- □ 栄養管理の基準を満たしているか
- □ 経口移行加算を算定していないか

2 経口維持加算（Ⅱ）

- □ 協力歯科医療機関を定めているか
- □ 食事の観察と会議等に、医師、歯科医師、歯科衛生士又は言語聴覚士が参加しているか
- □ 経口維持加算（Ⅰ）を算定しているか

201

第 2 章　介護報酬の算定要件

1　経口維持加算（I）

- 算定対象者は経口により食事の摂取をしている者であって、摂食機能障害があり、水飲みテスト、頸部聴診法、造影撮影等によって誤嚥が認められることから、継続して経口による食事の摂取を進めるための特別な管理（誤嚥を防止し、継続して経口による食事の摂取を進めるための食物形態、摂食方法等における適切な配慮）が必要であるとして、医師又は歯科医師の指示を受けた入所者です。
- 医師又は歯科医師の指示に基づき、医師、歯科医師、管理栄養士、看護師、介護支援専門員その他の職種など、多職種が共同して入所者の栄養管理をするための食事の観察及び会議等を行います。
- 栄養管理をするための会議はテレビ電話装置等を活用して行うことができます。
- 入所者ごとに、経口による継続的な食事の摂取を進めるための経口維持計画を作成するとともに、必要に応じた見直しを行います。計画に従って医師又は歯科医師の指示を受けた管理栄養士、栄養士が、栄養管理を行います。
- 経口移行加算を算定している場合は算定できません。

2　経口維持加算（Ⅱ）

- 協力歯科医療機関を定めている施設が、経口維持加算（I）を算定している場合、入所者の経口による継続的な食事の摂取を支援するための食事の観察と会議等に、医師（配置医師を除く）、歯科医師、歯科衛生士、言語聴覚士が加わった場合は、経口維持加算（I）に上乗せして算定するものです。

3 共　通

(16) 口腔衛生管理加算

歯科衛生士が入所者に口腔ケアを行っている場合に算定できる加算です。

○口腔衛生管理加算（Ⅰ）　　１ケ月につき90単位を加算
○口腔衛生管理加算（Ⅱ）　　１ケ月につき110単位を加算

〈チェック事項〉

1　口腔衛生管理加算（Ⅰ）

□ 歯科医師又は歯科医師の指示を受けた歯科衛生士の技術的助言、指導に基づき、入所者の口腔衛生等の管理に係る計画が作成されているか

□ 歯科医師の指示を受けた歯科衛生士が、月２回以上、入所者の口腔衛生等の管理を行っているか

□ 歯科衛生士が、入所者の口腔衛生等の管理について、介護職員に具体的な技術的助言、指導を行っているか

□ 歯科衛生士が、介護職員からの相談等に必要に応じ対応しているか

□ サービス実施月に医療保険による訪問歯科衛生指導の実施の有無を入所者又は家族等に確認、サービスについて説明し、同意を得ているか

□ 口腔に関する問題点、歯科医師からの指示内容の要点、口腔衛生の管理の内容、口腔清掃等についての指導内容、その他必要な事項の記録が作成され保管されているか

□ 記録の写しを入所者へ提供しているか

□ 口腔衛生管理加算（Ⅱ）を算定していないか

1　口腔衛生管理加算（Ⅰ）

● 歯科医師の指示を受けた歯科衛生士が施設の入所者に対して口腔衛生の管理を行い、口腔清掃等について介護職員へ具体的な技術的助言、指導をした場合において、入所者ごとに算定します。

● 歯科衛生士は、介護職員からの入所者の口腔に関する相談等に必要に応じて対

203

第 2 章　介護報酬の算定要件

応するとともに、入所者の口腔の状態により医療保険における対応が必要となる場合には、適切な歯科医療サービスが提供されるよう歯科医師と施設への情報提供を行います。

● この加算は、医療保険において歯科訪問診療料の算定月であっても算定できますが、訪問歯科衛生指導料の算定月においては、訪問歯科衛生指導料が 3 回以上（緩和ケアを実施する入所者は 7 回）算定された場合には算定できません。

2　口腔衛生管理加算（Ⅱ）

□ 口腔衛生管理加算（Ⅰ）の要件に適合しているか
□ 口腔衛生等の管理に係る計画の内容等の情報を LIFE を用いて厚生労働省に提出しフィードバックを活用しているか
□ 口腔衛生管理加算（Ⅰ）を算定していないか

2　口腔衛生管理加算（Ⅱ）

● 口腔衛生管理加算（Ⅰ）の要件に加えて、口腔衛生等の管理に係る計画の内容等の情報を厚生労働省に提出して、口腔衛生等の管理の実施に当たって、適切かつ有効な実施のために必要な情報を活用していることが必要です（LIFE へのデータ提出とフィードバックの活用）。

➡ LIFE への情報の提出頻度については、「解説　LIFE への情報の提出頻度」90 頁を参照

ポイント　歯科衛生士は施設職員には限定されません

　口腔衛生管理加算における「歯科衛生士」とは、施設職員に限定されません。両加算ともに、施設と雇用関係にある歯科衛生士（常勤・非常勤を問わない）又は協力歯科医療機関等に属する歯科衛生士のいずれであっても算定可能です。ただし、算定に当たっては、協力歯科医療機関等の歯科医師の指示が必要です。

3 共　通

（17）療養食加算

管理栄養士又は栄養士によって管理されている施設で療養食を提供したとき算定します。

○**療養食加算　　1日3回を限度に1回につき6単位を加算**

〈チェック事項〉

> ### 1 療養食加算
>
> □ 管理栄養士又は栄養士による食事の提供が管理されているか
> □ 入所者の状況により適切な栄養量、内容の食事が提供されているか
> □ 疾病治療の直接手段として、医師の発行する食事せんに基づき提供された適切な栄養量及び内容を有する食事が提供されているか
> □ 療養食の献立表が作成されているか
> □ 定員超過利用減算・人員基準欠如減算の要件に該当していないか

1 療養食加算

- 療養食は、医師の発行する食事せんが必要で、入所者の年齢、身長、体重、病名、病状等に対応した栄養量及び内容を有する治療食（糖尿病食、腎臓病食、肝臓病食、胃潰瘍食（流動食は除く）、貧血食、膵臓病食、脂質異常症食、痛風食）及び特別な場合の検査食などの内容が記載されている必要があります。この食事せんに基づき提供され、献立表が作成されていなければなりません。
- 療養食の摂取の方法については、経口又は経管の別は問われません。
- 経口移行加算又は経口維持加算を併せて算定している場合は、経口による食事の摂取を進めるための栄養管理及び支援を行います。

205

第 2 章　介護報酬の算定要件

ポイント ▶ 入所者に提供される治療食等は、以下の基準を満たすものです

① 心臓疾患等に対して減塩食療法を行う場合は、腎臓病食に準じて取り扱うものとして、総量 6.0g 未満の減塩食となっている。

② 高血圧症に対して減塩食療法を行う場合は対象としていない。

③ 肝臓病食については、肝庇護食、肝炎食、肝硬変食、閉鎖性黄疸食（胆石症及び胆嚢炎による閉鎖性黄疸の場合を含む）等となっている。

④ 胃潰瘍食については、手術前後に与える高カロリー食は対象としていないが、侵襲の大きな消化管手術の術後において胃潰瘍食に準ずる食事を提供する場合は対象としている。

⑤ 十二指腸潰瘍の場合も胃潰瘍食として取り扱っている。

⑥ クローン病、潰瘍性大腸炎等により腸管の機能が低下している入所者に対する低残渣食についても対象としている。

⑦ 貧血食の対象となる入所者は、血中ヘモグロビン濃度が 10g/dl 以下であり、その原因が鉄分の欠乏に由来している。

⑧ 高度肥満症（肥満度が +70% 以上又は BMI が 35 以上）に対して食事療法を行う場合に、脂質異常症食に準じて取り扱っている。

⑨ 特別な場合の検査食は潜血食としている他、大腸 X 線検査・大腸内視鏡検査のために特に残渣の少ない調理済食品を使用した場合としている。

⑩ 脂質異常症食の対象となる入所者は、空腹時定常状態における LDL- コレステロール値が 140mg/dl 以上である者又は HDL- コレステロール値が 40mg/dl 未満もしくは血清中性脂肪値が 150mg/dl 以上となっている。

（18） 認知症専門ケア加算

　専門的な認知症ケアを普及する観点から、認知症介護の経験があり、認知症ケアの専門研修修了者が介護サービスを提供することを評価する加算です。

○認知症専門ケア加算

認知症専門ケア加算（Ⅰ）	1日につき3単位を加算
認知症専門ケア加算（Ⅱ）	1日につき4単位を加算

〈チェック事項〉

1　認知症専門ケア加算（Ⅰ）

- □ 入所者のうち、日常生活自立度ランクⅢ・Ⅳ・Mの認知症の入所者（対象者）の割合が2分の1以上であるか
- □ 認知症介護実践リーダー研修修了者を次の基準で配置し、チームとして専門的な認知症ケアを実施しているか
  - **a**　対象者が20人未満：1人以上
  - **b**　対象者が20人以上：1人に対象者が19を超えて10又はその端数を増すごとに1を加えた数以上
- □ 施設の従業者に対して、認知症ケアに関する留意事項の伝達又は技術的指導に係る会議を定期的に開催しているか
- □ 認知症専門ケア加算（Ⅱ）及び認知症チームケア推進加算を算定していないか

1　認知症専門ケア加算（Ⅰ）

- ● 認知症日常生活自立度Ⅲ以上の入所者の割合の算定は、届出月の前3ケ月の各月末時点の入所者数の平均で算定します。
- ● 日本介護福祉士会等が実施する「介護福祉士ファーストステップ研修」については、認知症介護実践リーダー研修と同等の取扱いと認められる場合がありますが、市町村で取扱いが異なります。
- ● 「認知症ケアに関する留意事項の伝達又は技術的指導に係る会議」は、テレビ電話装置等を活用して行うことが可能です。

第 2 章　介護報酬の算定要件

〈チェック事項〉

2 認知症専門ケア加算（Ⅱ）

☐ 入所者のうち、日常生活自立度ランクⅢ・Ⅳ・Mの認知症の入所者（対象者）の割合が2分の1以上であるか

☐ 認知症介護実践リーダー研修修了者を次の基準で配置し、チームとして専門的な認知症ケアを実施しているか

  a　対象者が20人未満：1人以上

  b　対象者が20人以上：1人に対象者が19を超えて10又はその端数を増すごとに1を加えた数以上

☐ 施設の従業者に対して、認知症ケアに関する留意事項の伝達又は技術的指導に係る会議を定期的に開催しているか

☐ 認知症介護指導者養成研修修了者を1人以上配置し、施設全体の認知症ケアの指導等を実施しているか

☐ 介護職員、看護職員ごとの認知症ケアに関する研修計画を作成し、計画に従って研修を実施又は実施を予定しているか

☐ 認知症専門ケア加算（Ⅰ）及び認知症チームケア推進加算を算定していないか

2 認知症専門ケア加算（Ⅱ）

- チェック事項の要件のうち3点は、認知症専門ケア加算（Ⅰ）と同じになりますので、参照してください。
- 認知症介護指導者養成研修修了者は、適切に施設全体の認知症ケアを実施していれば、施設長などでもよく、特にその者の職務や資格等は問いません。
- 対象者（日常生活自立度ランクⅢ・Ⅳ・Mの入所者）が**10人未満の場合は、認知症介護実践リーダー研修と認知症介護指導者養成研修の両方の修了者が1人配置**されていれば、本加算を算定できます。

208

認知症専門ケア加算に必要な配置

● 認知症介護実践リーダー研修修了者の必要数は、対象者（日常生活自立度ランクⅢ・Ⅳ・Mの入所者）数に応じて、次の表の通りに設定されています。

対象者の数	認知症介護実践リーダー研修修了者の必要数
20人未満	1人以上
20人以上30人未満	2人以上
30人以上40人未満	3人以上
40人以上50人未満	4人以上

> **ポイント** 認知症ケアに関する専門性の高い看護師の配置でも可
>
> 次のa～cの研修を受けた認知症ケアに関する専門性の高い看護師は、認知症介護実践リーダー研修（加算（Ⅰ））、認知症介護指導者養成研修（加算（Ⅱ））を修了した者に代えて、配置可能です。
> a 日本看護協会認定看護師教育課程「認知症看護」の研修
> b 日本看護協会が認定している看護系大学院の「老人看護」及び「精神看護」の専門看護師教育課程
> c 日本精神科看護協会が認定している「精神科認定看護師」

第 2 章　介護報酬の算定要件

参考　認知症高齢者の日常生活自立度判定基準

ランク	判定基準	見られる症状・行動の例
Ⅰ	何らかの認知症を有するが日常生活は家庭内及び社会的にほぼ自立している。	
Ⅱ	日常生活に支障を来すような症状・行動や意思疎通の困難さが多少見られても、誰かが注意していれば自立できる。	
Ⅱa	家庭外で上記Ⅱの状態が見られる。	たびたび道に迷うとか、買物や事務、金銭管理などそれまでできたことにミスが目立つ等
Ⅱb	家庭内でも上記Ⅱの状態が見られる。	服薬管理ができない、電話の応対や訪問者との応対など一人で留守番ができない等
Ⅲ	日常生活に支障を来すような症状・行動や意思疎通の困難さが時々見られ、介護を必要とする。	
Ⅲa	日中を中心として上記Ⅲの状態が見られる。	着替え、食事、排便・排尿が上手にできない・時間がかかるやたらに物を口に入れる、物を拾い集める、徘徊、失禁、大声・奇声を上げる、火の不始末、不潔行為、性的異常行為等
Ⅲb	夜間を中心として上記Ⅲの状態が見られる。	ランクⅢaに同じ
Ⅳ	日常生活に支障を来すような症状・行動や意思疎通の困難さが頻繁に見られ、常に介護を必要とする。	ランクⅢに同じ
M	著しい精神症状や周辺症状あるいは重篤な身体疾患が見られ、専門医療を必要とする。	せん妄、妄想、興奮、自傷・他害等の精神症状や精神症状に起因する問題行動が継続する状態等

出典：「認知症高齢者の日常生活自立度判定基準」の活用について（平成5年10月26日老健第135号）
　　　厚生省老人保健福祉局長通知

（19）認知症チームケア推進加算

日頃から認知症の入所者等に対して適切な介護を提供することにより、認知症の行動・心理症状（BPSD）の予防及び出現時の早期対応に資するチームケアを実施していることを評価する加算です。

○認知症チームケア推進加算（Ⅰ）　　１ケ月につき 150 単位を加算
○認知症チームケア推進加算（Ⅱ）　　１ケ月につき 120 単位を加算

〈チェック事項〉

1 認知症チームケア推進加算（Ⅰ）

□ 入所者のうち、日常生活自立度のランクⅡ、Ⅲ、Ⅳ又はMに該当する入所者（対象者）の割合が２分の１以上であるか

□「認知症介護指導者養成研修」を修了し、かつ、認知症チームケア推進研修を修了した者を１名以上配置し、かつ、複数人の介護職員から成るBPSD に対応するチームを組んでいるか

□ 対象者に対し、個別に BPSD の評価を計画的に行い、その評価に基づく値を測定し、BPSD の予防等に資するチームケアを実施しているか

□ BPSD の予防等に資する認知症ケアについて、カンファレンスの開催、計画の作成、BPSD の有無及び程度についての定期的な評価、ケアの振り返り、計画の見直し等を行っているか

□ 認知症専門ケア加算及び認知症チームケア推進加算（Ⅱ）を算定していないか

1 認知症チームケア推進加算（Ⅰ）

● 入所者のうち、日常生活自立度のランクⅡ、Ⅲ、Ⅳ又はMに該当する入所者（対象者）の割合は、届出月の前３ケ月の各月末時点の入所者等数の平均で算定します。

● 本加算対象である入所者に対して、加算対象となるサービスを直接提供する複数人の介護職員によってチームを編成します。なお、職種については介護福祉

第 2 章　介護報酬の算定要件

士以外であっても差し支えありません。

● 本加算の算定に当たっては、「認知症介護指導者養成研修」の修了とともに、「認知症チームケア推進研修」を修了する必要があります。

ポイント▶ 認知症チームケア推進加算の基本的な考え方

チームは以下の要領でケアを進めていきます。

① 加算対象者である入所者個人に対して計画的に BPSD の評価指標を用いて評価を実施する。

② その評価の結果に基づき、チームケアの計画を作成・実施する。計画の作成に当たっては、評価の結果と整合性がとれた計画を、個々の入所者等の状態に応じて個別に作成し、画一的な計画とならないよう留意する。また、ケアにおいて入所者等の尊厳が十分保持されるよう留意する。

③ チームケアを実施するに当たっては、対象者 1 人につき月 1 回以上の定期的なカンファレンスを開催し、BPSD を含めて個々の入所者等の状態を評価し、ケア計画策定、ケアの振り返り、状態の再評価、計画の見直し等を行う。

④ 入所者等の状態の評価、ケア方針、実施したケアの振り返り等は別紙様式の「認知症チームケア推進加算・ワークシート」及び介護記録等に詳細に記録する。

⑤ 日々のケアの場面で心身の状態や環境等の変化が生じたときは、その都度カンファレンスを開催して、再評価、ケア方針の見直し等を行う。

ポイント▶ 加算の算定に必要な記録

算定に当たって必要な記録は以下の通りです。

① 別紙様式

認知症チームケア推進加算・ワークシート

② 介護記録等

介護日誌や施設サービス計画書。介護記録等については、入所者等の状態の評価、ケア方針、実施したケアの振り返り等をていねいに記載することが重要で、介護記録等以外のものを使用しても差し支えないほか、この加算のみのために、新たな書式を定めることは必要ありません。

3 共　通

〈チェック事項〉

2 認知症チームケア推進加算（Ⅱ）

☐ 入所者のうち、日常生活自立度のランクⅡ、Ⅲ、Ⅳ又はMに該当する入所者（対象者）の割合が2分の1以上であるか

☐ 認知症介護実践リーダー研修及び認知症チームケア推進研修を修了している者を1名以上配置しており、かつ、複数人の介護職員から成るBPSDに対応するチームを組んでいるか

☐ 対象者に対し、個別にBPSDの評価を計画的に行い、その評価に基づく値を測定し、BPSDの予防等に資するチームケアを実施しているか

☐ BPSDの予防等に資する認知症ケアについて、カンファレンスの開催、計画の作成、BPSDの有無及び程度についての定期的な評価、ケアの振り返り、計画の見直し等を行っているか

☐ 認知症専門ケア加算及び認知症チームケア推進加算（Ⅰ）を算定していないか

2　認知症チームケア推進加算（Ⅱ）

● 本加算の算定に当たっては、「認知症介護実践リーダー研修」の修了とともに、「認知症チームケア推進研修」を修了する必要があります。

ポイント　認知症専門ケアから認知症チームケア推進加算への切り替えも可能！

同一施設内で、ある入所者に対しては認知症専門ケア加算、別の入所者に対しては認知症チームケア推進加算を算定するということは可能です。したがって、認知症の症状が不安定で、認知症チームケア推進加算に基づくケア提供が、より望ましいと認められる場合には、認知症専門ケア加算から認知症チームケア推進加算に切り替えても差し支えありません。

第 2 章　介護報酬の算定要件

（20）認知症行動・心理症状緊急対応加算

　認知症高齢者の在宅生活を支援するために、認知症の行動・心理症状が出現したことで在宅での生活が困難になった人の緊急の受入れを評価するものです。

○**認知症行動・心理症状緊急対応加算**

7 日間を上限に 1 日につき 200 単位を加算

〈チェック事項〉

1 算定の対象となる利用者

☐ 利用者について、認知症の行動・心理症状が認められるため、緊急の一時入居が必要であると医師が判断しているか

☐ 判断を行った医師名、日付、利用開始に当たっての留意事項等を介護サービス計画書に記録しているか

☐ 医療機関での対応が必要と判断される場合は、医療機関の紹介、情報提供を行っているか

☐ 入所について、利用者又は家族の同意を得ているか

☐ 利用者は次に該当していないか

　a　病院、診療所に入院中の者

　b　介護保険施設、地域密着型介護老人福祉施設に入院中・入所中の者

　c　認知症対応型共同生活介護、地域密着型特定施設入居者生活介護、特定施設入居者生活介護、短期入所生活介護、短期入所療養介護、短期利用認知症対応型共同生活介護、短期利用特定施設入居者生活介護、短期利用地域密着型特定施設入居者生活介護を利用中の者

☐ 過去 1 ケ月の間に、当該施設への入所や当該加算を算定していないか

2 算定する期間

☐ 医師が判断した当日又はその次の日から利用を開始しているか

☐ 入居開始日から 7 日を限度として算定しているか

3 共　通

1　算定の対象となる利用者

- 「認知症の行動・心理症状」とは、認知症による認知機能の障害に伴う、妄想・幻覚・興奮・暴言等の症状のことです。
- 認知症の行動・心理症状が認められるため、在宅での生活が困難であり、緊急の一時入居の利用が必要と医師が判断した利用者を、介護支援専門員と受入れ施設の職員が連携して受け入れた場合に算定します。その際には、利用者又は家族の同意が必要です。
- 医療機関での対応が必要と判断される場合は、**速やかに適当な医療機関を紹介し、情報を提供する**など、適切な医療が受けられるように取り計らう必要があります。
- 判断を行った医師は、診療録等に症状、判断の内容等を記録します。施設は、判断を行った医師名、日付、利用開始に当たっての留意事項等を介護サービス計画書に記録します。

2　算定する期間

- 本加算を算定できるのは、医師が判断した当日又はその次の日に利用を開始した場合に限ります。
- 入居を開始した日から7日間を限度として算定します。

3　入所中の対応等

- ☐ 退所に向けた施設サービス計画を策定しているか
- ☐ 個室等、認知症の行動・心理症状の増悪した者の療養にふさわしい設備を整備しているか

3　入所中の対応等

- 利用者が在宅での療養が継続されることを評価するものであるため、入所後、速やかに退所に向けた施設サービス計画を策定し、行動・症状が安定した際には速やかに在宅復帰ができるようにします。

第2章　介護報酬の算定要件

（21）褥瘡マネジメント加算

　褥瘡の発生予防のため、入所者ごとに褥瘡の発生リスクを評価し、必要な入所者には計画に基づき褥瘡管理を行うことを評価する加算です。

○**褥瘡マネジメント加算（Ⅰ）**　　１ケ月につき３単位を加算
○**褥瘡マネジメント加算（Ⅱ）**　　１ケ月につき13単位を加算

〈**チェック事項**〉

---

1 褥瘡マネジメント加算（Ⅰ）

□ 入所者ごとに施設入所時に褥瘡の有無を確認し、褥瘡のリスクについて施設入所時とその後少なくとも３ケ月に１回評価しているか

□ 上記の確認・評価の結果等の情報を厚生労働省に提出し、そのフィードバックを活用しているか

□ 褥瘡がある、又は褥瘡のリスクがあると評価された入所者ごとに、多職種共同で褥瘡ケア計画を作成しているか

□ 入所者、家族等に計画を説明し、同意を得ているか

□ 計画に従い褥瘡管理をするとともに、その内容や入所者の状態について定期的に記録しているか

□ 評価に基づき、少なくとも３ケ月に１回、入所者ごとに褥瘡ケア計画を見直しているか

---

1 褥瘡マネジメント加算（Ⅰ）

● 入所者の褥瘡に関する情報について、LIFE へのデータ提出とフィードバックの活用による PDCA サイクルの推進・ケアの向上を図っていることが要件となります。

　→ LIFE への情報の提出頻度については、「解説　LIFE への情報の提出頻度」90頁を参照

● 入所者ごとに褥瘡の発生と関連のあるリスクについて入所時に評価するとともに、少なくとも３ケ月に１回評価を行い、その評価結果を厚生労働省に報告します。また、評価に基づき、少なくとも３ケ月に１回、入所者ごとに褥瘡

216

3 共　通

ケア計画を見直します。

● 褥瘡がある、又は褥瘡が発生するリスクがあると評価された入所者ごとに、医師、看護師、介護職員、管理栄養士、介護支援専門員その他の職種が共同して、褥瘡管理に関する褥瘡ケア計画を作成します。褥瘡ケア計画は、褥瘡管理に対する各種ガイドラインを参考にしながら、入所者ごとに、褥瘡管理に関する事項に対し関連職種が共同して取り組むべき事項や、入所者の状態を考慮した評価を行う間隔等を検討して作成します。

● 入所者ごとの褥瘡ケア計画に従って褥瘡管理を実施するとともに、その管理の内容や入所者の状態について定期的に記録します。褥瘡ケア計画に基づいたケアを実施する際には、褥瘡ケアマネジメントの対象となる入所者又はその家族に説明し、同意を得なければなりません。マネジメントについては、施設ごとに当該マネジメントの実施に必要な褥瘡管理に係るマニュアル等を整備し、当該マニュアル等に基づき実施することが望ましいとされています。

---

2 褥瘡マネジメント加算（Ⅱ）

☐ 褥瘡マネジメント加算（Ⅰ）の要件に適合しているか
☐ 入所者が次のいずれかに該当しているか
  a 入所時の確認で褥瘡が認められた入所者は、その褥瘡が治癒した
  b 入所時の評価で褥瘡が発生するリスクがあるとされた入所者は、褥瘡が発生していない

---

2 褥瘡マネジメント加算（Ⅱ）

● 褥瘡マネジメント加算（Ⅰ）の算定要件を満たす施設において、施設入所時に褥瘡が認められた、又は褥瘡が発生するリスクがあるとされた入所者について、施設入所月の翌月以降に評価を実施して、持続する発赤（d1）以上の褥瘡の発症がない場合に算定できます。ただし、施設入所時に褥瘡があった入所者については、褥瘡の治癒後に、褥瘡の再発がない場合に算定できます。

217

第2章　介護報酬の算定要件

（22）排せつ支援加算

　排せつ支援の質の向上を図るため、多職種の共同により、PDCA サイクルの構築を通じて、継続的に排せつ支援の質の管理を行ったことを評価する加算です。

○排せつ支援加算（Ⅰ）　　1 ケ月につき 10 単位を加算
○排せつ支援加算（Ⅱ）　　1 ケ月につき 15 単位を加算
○排せつ支援加算（Ⅲ）　　1 ケ月につき 20 単位を加算

〈チェック事項〉

1 排せつ支援加算（Ⅰ）

□ 要介護状態の軽減の見込みについて、医師又は医師と連携した看護師が施設入所時に評価しているか

□ 入所後、少なくとも 3 ケ月に 1 回評価を行い、その評価結果等を厚生労働省に提出し、排せつ支援に当たって当該情報等を活用しているか

□ 排せつに介護が必要で、適切な対応を行うことにより、要介護状態の軽減が見込まれる入所者について、医師、看護師、介護支援専門員等が多職種共同で、入所者ごとに排せつに介護を要する原因を分析し、それに基づいた支援計画を作成しているか

□ 計画に基づく支援を継続して実施しているか

□ 評価に基づき、少なくとも 3 ケ月に 1 回、入所者等ごとに支援計画を見直しているか

□ 排せつ支援加算（Ⅱ）（Ⅲ）を算定していないか

1 排せつ支援加算（Ⅰ）

● 排せつに介護を要する入所者等ごとに、要介護状態の軽減の見込みについて、医師又は医師と連携した看護師が施設入所時等に評価するとともに、少なくとも 3 ケ月に 1 回、評価を行い、その評価結果等を厚生労働省に提出し、排せつ支援に当たって当該情報等を活用していることが要件となります。情報の提出は LIFE を用いて行います。

➡ LIFE への情報の提出頻度については、「解説　LIFE への情報の提出頻度」90 頁を参照

218

3 共 通

- 施設の入所者全員（排せつ支援加算（Ⅱ）・（Ⅲ）を算定する者を除く）を対象に、左記の要件を満たす場合に算定できます。
- 「排せつに介護を要する入所者」とは、排尿又は排便の状態が、「一部介助」又は「全介助」と評価される者、又はおむつを使用している者もしくは尿道カテーテルを留置されている者をいいます。
- 「適切な対応を行うことにより、要介護状態の軽減が見込まれる」とは、特別な支援を行わなかった場合には、排尿又は排便の状態、おむつ使用や尿道カテーテルの留置に係る状態の評価が不変又は低下となることが見込まれるものの、適切な対応を行った場合には、その評価が改善することが見込まれることをいいます。
- 支援に先立ち、失禁に対する各種ガイドラインを参考にしながら、対象者が排せつに介護を要する要因を多職種が共同して分析し、それに基づいた支援計画を作成します。要因分析及び支援計画の作成に関わる職種は、判断を行った医師又は看護師、介護支援専門員、入所者の特性を把握している介護職員を含み、その他、疾患、使用している薬剤、食生活、生活機能の状態等に応じ薬剤師、管理栄養士、理学療法士、作業療法士等を適宜加えます。
- 計画の作成に当たっては、要因分析の結果と整合性がとれた計画を、個々の入所者の特性に配慮しながら、**画一的な支援計画とならないよう**留意します。また、支援において入所者の尊厳が十分保持されるように留意します。

〈チェック事項〉

2 排せつ支援加算（Ⅱ）

☐ 排せつ支援加算（Ⅰ）の要件に適合しているか
☐ 以下のいずれかに適合しているか
 a 要介護状態が見込まれる入所者について、施設入所時と比較して、排尿又は排便の状態の少なくとも一方が改善し、いずれにも悪化がない
 b 施設入所時におむつを使用し、要介護状態の軽減が見込まれる入所者について、おむつを使用しなくなった
 c 施設入所時に尿道カテーテルが留置されており、要介護状態の軽減が見込まれる入所者について、尿道カテーテルが抜去された
☐ 排せつ支援加算（Ⅰ）（Ⅲ）を算定していないか

第2章　介護報酬の算定要件

2 排せつ支援加算（Ⅱ）

● 排せつ支援加算（Ⅰ）の要件に加えて、施設入所時等の評価の結果、要介護状態の軽減が見込まれる者について、施設入所時等と比較して、排尿・排便の状態の少なくとも一方が改善するとともにいずれにも悪化がない、又は、おむつ使用ありから使用なしに改善、又は施設入所時・利用開始時に尿道カテーテルが留置されていた者について、尿道カテーテルが抜去されていなければなりません。

〈チェック事項〉

---

3 排せつ支援加算（Ⅲ）

□ 排せつ支援加算（Ⅰ）の要件に適合しているか
□ 以下のいずれにも適合しているか
   a 要介護状態が見込まれる入所者について、施設入所時と比較して、排尿又は排便の状態の少なくとも一方が改善し、いずれにも悪化がない
   b 施設入所時におむつを使用し、要介護状態の軽減が見込まれる者について、おむつを使用しなくなった
□ 排せつ支援加算（Ⅰ）（Ⅱ）を算定していないか

---

3 排せつ支援加算（Ⅲ）

● 排せつ支援加算（Ⅰ）の要件に加えて、施設入所時等の評価の結果、要介護状態の軽減が見込まれる者について、施設入所時等と比較して、排尿・排便の状態の少なくとも一方が改善するとともにいずれにも悪化がない、かつ、おむつ使用ありから使用なしに改善していなければなりません。

注意！ ▶ 入所者、家族への説明と同意はていねいに

　支援の実施に当たっては、入所者及びその家族に対して排せつの状態と今後の見込み、支援の必要性、要因分析、支援計画の内容等を説明し、これらの説明を理解した上で、実施を希望する場合に行わなければなりません。また、支援開始後でも、いつでも入所者や家族の希望に応じて支援計画を中断又は中止できることを説明します。

（23）自立支援促進加算

入所者の尊厳の保持や自立支援に係るケアの質の向上を図る取組みを評価する加算です。

○**介護老人福祉施設**　　　**1ケ月につき280単位を加算**
○**介護老人保健施設**　　　**1ケ月につき300単位を加算**

〈チェック事項〉

1　自立支援促進加算

□ 医師が入所者ごとに、自立支援のために特に必要な医学的評価を入所時に行うとともに、少なくとも3ケ月に1回、医学的評価の見直しを行い、自立支援に係る支援計画等の策定等に参加しているか

□ 医学的評価の結果、特に自立支援のために対応が必要であるとされた者ごとに、医師、看護職員、介護職員、介護支援専門員、その他の職種の者が共同して自立支援に係る支援計画を策定し、支援計画に従ったケアを実施しているか

□ 医学的評価に基づき、少なくとも3ケ月に1回、入所者ごとに支援計画を見直しているか

□ 医学的評価の結果等の情報を厚生労働省に提出し、当該情報その他自立支援促進の適切かつ有効な実施のために必要な情報を活用しているか

1　自立支援促進加算

● この加算は、施設の入所者全員に対して算定できます。

● 医師が、少なくとも3ケ月に1回、すべての入所者に対する医学的評価及びリハビリテーション、日々の過ごし方等についてのアセスメントを実施するとともに、医師、看護職員、介護職員、介護支援専門員、その他の職種の者が、医学的評価、アセスメント及び支援実績に基づき、特に自立支援のための対応が必要とされた者について、生活全般において適切な介護を実施するための包括的な支援計画を策定し、個々の入所者や家族の希望に沿った、尊厳の保持に

第 2 章　介護報酬の算定要件

　資する取組みや本人を尊重する個別ケア、寝たきり防止に資する取組み、自立した生活を支える取組み、廃用性機能障害に対する機能回復・重度化防止のための自立支援の取組みなどの特別な支援を行っている場合に算定できます。個別のリハビリテーションや機能訓練を実施することだけでは、加算の対象とはなりません。

● 支援計画の各項目は原則として以下 **a ～ g** の通り実施します。その際、入所者及びその家族の希望も確認して、入所者の尊厳が支援に当たって十分保持されるように留意します。

　a 　寝たきりによる廃用性機能障害の防止や改善に向けて、離床、座位保持又は立ち上がりを計画的に支援する。

　b 　食事は、本人の希望に応じ、居室外で、車いすではなく普通のいすを用いる、本人が長年親しんだ食器やはしを施設に持ち込み使用する等、施設でも、本人の希望を尊重し、自宅等におけるこれまでの暮らしを維持できるようにする。食事の時間や嗜好等への対応について、画一的ではなく、個人の習慣や希望を尊重する。

　c 　排せつは、入所者ごとの排せつリズムを考慮しつつ、プライバシーに配慮したトイレを使用することとし、特に多床室では、ポータブルトイレの使用を前提とした支援計画を策定してはならない。

　d 　入浴は、特別浴槽ではなく、一般浴槽での入浴とし、回数やケアの方法についても、個人の習慣や希望を尊重する。

　e 　生活全般において、画一的・集団的な介護ではなく個別ケアの実践のため、入所者本人や家族と相談し、可能な限り自宅での生活と同様の暮らしを続けられるようにする。

　f 　リハビリテーション及び機能訓練の実施については、本加算で評価をするものではないが、医学的評価に基づき、必要な場合は、入所者本人や家族の希望も確認して施設サービス計画の見直しを行う。

　g 　入所者の社会参加につなげるために、入所者と地域住民等とが交流する機会を定期的に設ける等、地域社会とのつながりを維持する。

● 医学的評価の結果等の情報の提出は LIFE を用いて行います。

　➡ **LIFE への情報の提出頻度については、「解説　LIFE への情報の提出頻度」90 頁を参照**

222

3 共　通

（24）科学的介護推進体制加算

　LIFE による情報提供とフィードバック情報の活用により、PDCA サイクルを確立させてサービスの質の向上を推進する取組みを評価する加算です。

○科学的介護推進体制加算（Ⅰ）　　1ケ月につき 40 単位を加算
○科学的介護推進体制加算（Ⅱ）

　　　　　　　　　　　　　　1ケ月につき 50 単位を加算（介護老人福祉施設）
　　　　　　　　　　　　　　1ケ月につき 60 単位を加算（介護老人保健施設）

〈チェック事項〉

1 科学的介護推進体制加算（Ⅰ）

☐ 入所者ごとの ADL 値、栄養状態、口腔機能、認知症の基本的なデータを LIFE に提出しているか
☐ PDCA サイクルによる情報活用の推進を行っているか
☐ 質の高いサービスの実施体制を構築し、その更なる向上に努めているか
☐ 科学的介護推進体制加算（Ⅱ）を算定していないか

2 科学的介護推進体制加算（Ⅱ）

☐ 科学的介護推進体制加算（Ⅰ）の基準に適合しているか
☐ 科学的介護推進体制加算（Ⅰ）で提出する情報に加えて、入所者ごとの疾病や服薬の状況等の情報を LIFE に提出しているか
☐ 科学的介護推進体制加算（Ⅰ）を算定していないか

1 科学的介護推進体制加算（Ⅰ）

● 原則として、本加算は入所者全員を対象にして算定できるものです。
● やむを得ない場合を除いて、施設の全入所者の情報を LIFE により厚生労働省に提出します。

　➡ LIFE への情報の提出頻度については、「解説　LIFE への情報の提出頻度」90頁を参照

223

第 2 章　介護報酬の算定要件

● 施設は、計画（Plan）、実行（Do）、評価（Check）、改善（Action）のサイクル（PDCA サイクル）によって、質の高いサービスを提供する体制を構築します。また、その更なる向上に努めることが重要です。情報を厚生労働省に提出するだけでは、加算の算定対象とはなりません。具体的には、次のような一連の取組みが求められます。

　Plan：入所者の心身の状況等に係る基本的な情報に基づき、適切なサービスを提供するためのサービス計画を作成する

　Do：サービスの提供に当たって、サービス計画に基づいて、入所者の自立支援や重度化防止に資する介護を実施する

　Check：LIFE への提出情報及びフィードバック情報等も活用し、多職種が共同して、施設の特性やサービス提供の在り方について検証を行う

　Action：検証結果に基づき、サービス計画を適切に見直し、施設全体として、サービスの質の更なる向上に努める

2 科学的介護推進体制加算 （Ⅱ）

● 科学的介護推進体制加算（Ⅰ）で提出する情報に加え、入所者ごとの疾病、服薬の状況等の情報を LIFE により厚生労働省に提出します。

> **ポイント** ▶ LIFE に情報が提出できない「やむを得ない場合」とは？
>
> 　やむを得ない場合とは、例えば、情報を提出すべき月の中旬に評価を行う予定であったが、緊急で月初に入所者が入院することとなり情報の提出ができなかった場合や、データを入力したがシステムトラブル等により提出ができなかった場合など、入所者単位で情報の提出ができなかった場合があります。
>
> 　また、提出する情報についても、例えば、全身状態が急速に悪化した入所者で、必須項目である体重等が測定できず、一部の情報しか提出できなかった場合などがあります。このような場合であっても、施設の入所者全員に加算を算定することは可能です。ただし、情報の提出が困難であった理由について、介護記録等に明記しておく必要があります。

3 共　通

（25）安全対策体制加算

　施設における事故発生の防止のための体制整備を行っていることを評価する加算です。

○安全対策体制加算　　入所時に1回限り20単位を加算

〈チェック事項〉

1 安全対策体制加算

☐ 事故発生の防止のための指針を整備しているか

☐ 事故が発生した場合に、事実の報告と分析、改善策を従業者に周知徹底する体制を整備しているか

☐ 事故発生の防止のための委員会と従業者に対する研修を定期的に行っているか

☐ 上記の措置を適切に実施するための安全対策担当者を置いているか

☐ 安全対策担当者は外部研修を受けているか

☐ 施設内に安全対策部門を設置し、組織的に安全対策を実施する体制が整備されているか

1 安全対策体制加算

● 入所時に1回限り算定できます。

● 外部の研修（全国老人保健施設協会などが開催）を受けた安全対策担当者が配置され、施設内に安全対策部門を設置して、組織的に安全対策を実施する体制が整備されていることが要件となります。

● 安全対策担当者の外部研修については、介護現場における事故の内容、発生防止の取組み、発生時の対応、施設のマネジメント等の内容を含むものであることが必要です。

225

第 2 章　介護報酬の算定要件

（26）高齢者施設等感染対策向上加算

　高齢者施設等における平時からの感染対策の実施や、感染症発生時に感染者の対応を行う医療機関との連携体制を評価する加算です。

○高齢者施設等感染対策向上加算（Ⅰ）　　1ケ月につき 10 単位を加算
○高齢者施設等感染対策向上加算（Ⅱ）　　1ケ月につき　5 単位を加算
　※加算（Ⅰ）（Ⅱ）は併算定可

〈チェック事項〉

> **1 高齢者施設等感染対策向上加算（Ⅰ）**
>
> □ 感染症法第 6 条第 17 項に規定する第二種協定指定医療機関との間で、新興感染症（未知のウイルスの発生など）の発生時において対応できる体制を確保しているか
> □ 新興感染症以外の一般的な感染症（季節性インフルエンザ、新型コロナウイルス感染症等）について、協力医療機関等と感染症発生時における診療等の対応を取り決めるとともに、感染症発生時には当該協力医療機関等と連携の上、適切な対応を行っているか
> □ 診療報酬上の感染対策向上加算又は外来感染対策向上加算に係る届出を行った医療機関等が行う院内感染対策に関する研修又は訓練に 1 年に 1 回以上参加しているか

1 高齢者施設等感染対策向上加算（Ⅰ）

● 「第二種協定指定医療機関」とは、発熱外来や自宅療養者等の医療提供を担当する医療機関（病院、診療所、薬局、訪問看護事業所）であって、感染症指定医療機関医療担当規程（平成 11 年厚生省告示第 42 号）に基づいて対応する医療機関です。ただし、本加算を算定する際に連携の対象となるのは病院、診療所に限定されています。

3 共　通

● 「院内感染対策に関する研修又は訓練」とは、以下の通りです。

① 感染対策向上加算又は外来感染対策向上加算の届出を行った医療機関において、感染制御チーム（外来感染対策向上加算にあっては、院内感染管理者）によって、職員を対象として定期的に行う研修

② 感染対策向上加算 1 の届出を行った保険医療機関が、保健所及び地域の医師会と連携して、感染対策向上加算 2 又は 3 の届出を行った保険医療機関と合同で、定期的に行う院内感染対策に関するカンファレンスや新興感染症の発生時等を想定した訓練

③ 地域の医師会が定期的に主催する院内感染対策に関するカンファレンスや新興感染症の発生時等を想定した訓練

※診療報酬上の感染対策向上加算 1 に係る届出を行った医療機関が主催するカンファレンスでは、薬剤耐性菌等の分離状況や抗菌薬の使用状況などの情報の共有及び意見交換を行う場合もあるため、カンファレンスの内容として、高齢者施設等における感染対策に資するものであることを事前に確認の上、参加することが必要です。

● 研修・訓練等には、リアルタイムでの画像を介したコミュニケーション（ビデオ通話）が可能な機器を用いて参加しても差し支えありません。

● 研修又は訓練への参加については、医療機関等にその実施予定日を確認し、高齢者施設等の職員の参加の可否を確認した上で、例えば令和 6 年度であれば、令和 7 年 3 月 31 日までに研修又は訓練に参加できるめどがあれば加算の算定が可能です。

● 季節性インフルエンザやノロウイルス感染症、新型コロナウイルス感染症など特に高齢者施設等において流行を起こしやすい感染症について、協力医療機関等と連携し、感染した入所者に対して適切に医療が提供される体制が構築されている必要があります。

227

第 2 章　介護報酬の算定要件

〈チェック事項〉

2 高齢者施設等感染対策向上加算 （Ⅱ）

□ 診療報酬上の感染対策向上加算に係る届出を行った医療機関から、 3 年に
　 1 回以上、施設内で感染者が発生した場合の対応に係る実地指導を受けて
　 いるか

2　高齢者施設等感染対策向上加算 （Ⅱ）

● 本加算は、感染対策向上加算に係る届出を行った医療機関からの実地指導を受け
　 た日から起算して 3 年間算定できます。
● 実地指導については、感染対策向上加算に係る届出を行った医療機関に設置さ
　 れた感染制御チームの専任の医師又は看護師等が行い、内容は以下のものが想
　 定されます。
① 施設等の感染対策の現状の把握、確認 （施設等の建物内の巡回等）
② 施設等の感染対策状況に関する助言・質疑応答
③ 個人防護具の着脱方法の実演、演習、指導等
④ 感染疑い等が発生した場合の施設等での対応方法 （ゾーニング等） に関す
　 る説明、助言及び質疑応答
⑤ その他、施設等のニーズに応じた内容
　　※単に、施設等において机上研修のみを行う場合には算定できません。

3 共 通

（27）新興感染症等施設療養費

　新興感染症のパンデミック発生時等に、施設内で感染した高齢者に対して必要な医療やケアを提供する観点や、感染拡大に伴う病床ひっ迫を避ける観点から、必要な感染対策や医療機関との連携体制を確保した上で感染した高齢者の療養を施設内で行うことを評価するものです。

○新興感染症等施設療養費　　1 日につき 240 単位を加算

〈チェック事項〉

> **1 新興感染症等施設療養費**
>
> ☐ 入所者が一定の感染症に感染した場合に相談対応、診療、入院調整等を行う医療機関を確保しているか
> ☐ 感染した入所者に対し、適切な感染対策を行った上で、サービスを行っているか
> ☐ 算定は 1 ケ月に 1 回、連続する 5 日以内か

1 新興感染症等施設療養費

● この加算は、将来に発生することが想定される新たなる未知のウイルスによる感染症のパンデミックが起こった場合を想定して、その事前準備として創設された加算です。対象となる感染症は、今後のパンデミック発生時等に必要に応じて厚生労働大臣が指定します。令和 6 年 6 月時点で指定されている感染症はありません。

● 「適切な感染対策」とは、手洗いや個人防護具の着用等の標準予防策（スタンダード・プリコーション）の徹底、ゾーニング、コホーティング、感染者以外の入所者も含めた健康観察等を指します。

● 具体的な感染対策の方法については、「介護現場における感染対策の手引き（第 3 版）」を参考にしましょう。

229

第2章　介護報酬の算定要件

（28）生産性向上推進体制加算

　見守り機器等の介護機器を導入し、生産性向上ガイドラインに基づいた業務改善を継続的に行うとともに、効果に関するデータ提出を行うこと等を評価する加算です。

　○**生産性向上推進体制加算（Ⅰ）**　　**1ケ月につき100単位を加算**
　○**生産性向上推進体制加算（Ⅱ）**　　**1ケ月につき　10単位を加算**

〈チェック事項〉

> **1 生産性向上推進体制加算（Ⅰ）**
>
> □ 生産性向上推進体制加算（Ⅱ）の要件を満たし、（Ⅱ）のデータにより業務改善の取組みによる成果が確認されているか
> □ 見守り機器等の介護機器を複数導入しているか
> □ 職員間の適切な役割分担（いわゆる介護助手の活用等）の取組み等を行っているか
> □ 事業年度ごとに1回、業務改善の取組みによる効果を示すデータの提供（オンラインによる提出）を行っているか

1 生産性向上推進体制加算（Ⅰ）

● 生産性向上に資する取組みを以前から進めている施設で、生産性向上推進体制加算（Ⅱ）のデータによる業務改善取組みの成果と同等以上のデータを示すことができる場合には、（Ⅱ）の加算を取得せずに、当初から（Ⅰ）の加算を取得することも可能です。

● 算定開始に当たっては、生産性向上の取組みの成果として、業務の効率化及びケアの質の確保ならびに職員の負担軽減が行われていることの確認が必要となります。具体的には、加算（Ⅱ）の要件となる介護機器の導入後、生産性向上の取組みを3ケ月以上継続した上で、介護機器導入前後の状況を比較することにより、①～③について成果が確認される必要があります。

① 入所者の満足度等の評価・・・本取組みによる悪化が見られない

230

3 共　通

② 総業務時間及び当該時間に含まれる超過勤務時間の調査・・・介護職員の総業務時間及び当該時間に含まれる超過勤務時間が短縮している

③ 年次有給休暇の取得状況の調査・・・維持又は増加している

● 加算（Ⅰ）と加算（Ⅱ）は同時に算定できません。

● 算定に当たっては、次の①～③の介護機器をすべて使用する必要があります。

① 見守り機器（すべての居室に設置）

② インカム等の職員間の連絡調整の迅速化に資するICT機器（同一勤務時間帯のすべての介護職員が使用）

③ 介護記録ソフトウェアやスマートフォン等の介護記録の作成の効率化に資するICT機器

※①の機器の運用については、事前に入所者の意向を確認し、その意向に応じ、機器の使用を停止する等の運用は認められます。

● 事業年度ごとに1回、生産性向上の取組みに関する実績として次の事項について、原則としてオンラインにより厚生労働省に当該事項の結果を提出する必要があります。

① 入所者の満足度等の評価（WHO-5等）

② 総業務時間及び当該時間に含まれる超過勤務時間の調査

③ 年次有給休暇の取得状況の調査

④ 介護職員の心理的負担等の変化（SRS-18等）

⑤ 機器の導入等による業務時間（直接介護、間接業務、休憩等）の調査（タイムスタディ調査）

〈チェック事項〉

2 生産性向上推進体制加算（Ⅱ）

☐ 「利用者の安全並びに介護サービスの質の確保及び職員の負担軽減に資する方策を検討するための委員会」の開催や必要な安全対策を講じた上で、「介護サービス事業における生産性向上に資するガイドライン」に基づいた改善活動を継続的に行っているか

☐ 見守り機器等のテクノロジーを1つ以上導入しているか

☐ 事業年度ごとに1回、業務改善の取組みによる効果を示すデータの提供（オンラインによる提出）を行っているか

231

第 2 章　介護報酬の算定要件

2　生産性向上推進体制加算（Ⅱ）

- 入所者の安全並びに介護サービスの質の確保及び職員の負担軽減に資する方策を検討するための委員会は、管理者だけでなく、ケアを行う職員を含む幅広い職種やユニットリーダー等が参画するものとし、以下の①～④について必要な検討を行います。
  - ① 入所者の安全及びケアの質の確保
  - ② 職員の負担の軽減及び勤務状況への配慮
  - ③ 介護機器の定期的な点検
  - ④ 介護機器等を安全かつ有効に活用するための職員研修
- 同委員会は 3 ケ月に 1 回以上開催し、これらの実施状況を確認し、ケアを行う職員の意見を尊重しつつ、必要に応じて入所者の安全ならびにサービスの質の確保及び職員の負担軽減を図る取組みの改善を図る必要があります。
- 算定に当たっては、次の①～③の介護機器のうち、1 つ以上を使用する必要があります。
  - ① 見守り機器
  - ② インカム等の職員間の連絡調整の迅速化に資する ICT 機器（同一勤務時間帯のすべての介護職員が使用）
  - ③ 介護記録ソフトウェアやスマートフォン等の介護記録の作成の効率化に資する ICT 機器
- 事業年度ごとに 1 回、生産性向上の取組みに関する実績として、次の事項について、原則としてオンラインにより厚生労働省に当該事項の結果を提出する必要があります。
  - ① 入所者の満足度等の評価（WHO-5 等）
  - ② 総業務時間及び当該時間に含まれる超過勤務時間の調査
  - ③ 年次有給休暇の取得状況の調査

3 共　通

（29）サービス提供体制強化加算

　介護福祉士や勤続7年以上の職員を配置するなど、サービス提供体制を整備した施設を評価する加算です。体制のレベルによって、単位数が異なります。

サービス提供体制強化加算（Ⅰ）	1日につき 22 単位
サービス提供体制強化加算（Ⅱ）	1日につき 18 単位
サービス提供体制強化加算（Ⅲ）	1日につき　6 単位

〈チェック事項〉

1 職員の配置等

□ 次の人員を確保した体制になっているか

　□ サービス提供体制強化加算（Ⅰ）　以下のいずれかに適合しているか

　a　介護職員（看護師・准看護師を除く）の総数のうち、介護福祉士の割合が80%以上

　b　介護職員の総数のうち、勤続年数10年以上の介護福祉士の割合が35%以上

　□ サービス提供体制強化加算（Ⅱ）

　　介護職員の総数のうち、介護福祉士の割合が60%以上

　□ サービス提供体制強化加算（Ⅲ）　以下のいずれかに適合しているか

　a　介護職員の総数のうち、介護福祉士の占める割合が50%以上

　b　看護・介護職員の総数のうち、常勤職員の占める割合が75%以上

　c　サービスを直接提供する職員の総数のうち、勤続年数7年以上の者の割合が30%以上

□ 定員超過利用減算・人員基準欠如減算の基準に該当していないか

□ 他のサービス提供体制強化加算を算定していないか

2 介護の質向上への取組み　加算（Ⅰ）のみに適用

□ 介護の質の向上に資する取組みを実施しているか

233

第 2 章　介護報酬の算定要件

1　職員の配置等

● 職員の割合の算出に当たっては、常勤換算方法で算出した前年度（3月を除く）の平均を用います。

● 前年度の実績が 6 ケ月に満たない施設は、常勤換算方法で算出した届出月の前 3 ケ月の平均を用います。したがって、新たに事業を開始又は再開した場合は、4 ケ月目以降に届出が可能です。届出を行った月以降も、直近 3 ケ月間の職員の割合について、**毎月継続的に所定の割合を維持しなければなりません。**その割合は毎月記録して、所定の割合を下回った場合は、ただちに加算を算定しない旨の届出を提出します。

● 介護福祉士は、各月の前月の末日時点で資格を取得している者が対象です。

● サービス提供体制強化加算（Ⅰ）～（Ⅲ）は重複して算定することができません。

● 勤続年数とは、各月の前月の末日時点における勤続年数をいいます。例えば、2024 年 4 月における勤続年数 7 年以上の者とは、2024 年 3 月 31 日時点で勤続年数が 7 年以上である者です。現施設での勤務年数に加えて、同一法人等の経営する他の介護サービス事業所、病院、社会福祉施設等においてサービスを利用者に直接提供する介護職員として勤務した年数を含めることができます。事業所の合併又は別法人による事業の承継の場合で、事業所の職員に変更がないなど、事業所が実質的に継続して運営していると認められる場合の勤続年数は通算することができます。また、同一法人のほか、法人の代表者等が同一で、採用や人事異動、研修が一体として行われる等、職員の労務管理を複数法人で一体的に行っている場合も含まれます。

2　介護の質向上への取組み　加算（Ⅰ）のみに適用

● サービスの質の向上や入所者の尊厳の保持を目的として、施設として以下のような取組みを継続的に行います。実施に際して、取組みの意義・目的を職員に周知し、適時のフォローアップや職員間の意見交換等により、取組みの意義・目的に則ったケアの実現に向けて継続的に取り組むものでなければなりません。
・LIFE を活用した PDCA サイクルの構築
・ICT・テクノロジーの活用

3 共　通

・高齢者の活躍（居室やフロア等の掃除、食事の配膳・下膳などのほか、経理
　や労務、広報なども含めた介護業務以外の業務の提供）等による役割分担の
　明確化
・ケアに当たり、居室の定員が2人以上である場合、原則としてポータブルト
　イレを使用しない方針を立てて取組みを行っていること

第 2 章　介護報酬の算定要件

（30）退所時栄養情報連携加算

　施設の管理栄養士が、入所者等の栄養管理に関する情報について、他の施設や医療機関等に提供することを評価する加算です。

　○退所時栄養情報連携加算　　1 回につき 70 単位を加算

〈チェック事項〉

> **1 退所時栄養情報連携加算**
>
> □ 対象者は特別食を必要とする入所者又は低栄養状態にあると医師が判断した入所者か
> □ 施設から居宅に退所する場合は主治医の属する病院又は診療所及び介護支援専門員に対して、医療機関等に入院又は入所する場合はその医療機関等に対して、管理栄養士が入所者の栄養管理に関する情報を提供しているか
> □ 情報提供について入所者の同意を得ているか
> □ 算定は 1 ケ月につき 1 回までか
> □ 栄養ケア・マネジメント未実施減算の適用又は栄養マネジメント強化加算を算定していないか

1 退所時栄養情報連携加算

- 本加算は、対象となる入所者の退所月において、1 ケ月に 1 回を限度として算定できます。
- 栄養管理に関する情報とは、提供栄養量、必要栄養量、食事形態（嚥下食コードを含む）、禁止食品、栄養管理に係る経過等をいいます。
- 医療機関等に提供する情報については、栄養情報提供書の様式例※を参照の上、退所後の栄養管理に必要となる情報を医療機関等が確実に活用できるように提供します。なお様式については、情報提供に必要な事項が記載できるものであれば、別のものを利用することも可能です。

　※「リハビリテーション・個別機能訓練、栄養、口腔の実施及び一体的取組について（令和 6 年 3 月 15 日老高発 0315 第 2 号・老認発 0315 第 2 号・老老発 0315 第 2 号）」別紙様式 4-2 参照

3 共 通

● 「特別食」とは、嚥下困難者疾病治療の直接手段として、医師の発行する食事箋に基づき提供された以下の特別食

・腎臓病食　　　・肝臓病食　　　・糖尿病食
・胃潰瘍食　　　・貧血食　　　　・膵臓病食
・脂質異常症食　・痛風食
・嚥下困難者のための流動食
・経管栄養のための濃厚流動食
・特別な場合の検査食（単なる流動食及び軟食を除く）

● また、心臓疾患等の入所者に対する減塩食、十二指腸潰瘍の入所者に対する潰瘍食、侵襲の大きな消化管手術後の入所者に対する潰瘍食、クローン病及び潰瘍性大腸炎等により腸管の機能が低下している入所者に対する低残渣食ならびに高度肥満症（肥満度が＋40％以上又はBMIが30以上）の入所者に対する治療食も本加算の対象に含まれます。

※高血圧の入所者に対する減塩食（食塩相当量の総量が6.0g未満のものに限る）及び嚥下困難者のための流動食は、療養食加算の場合と異なり、退所時栄養情報連携加算の対象となる特別食に含まれます。

第 2 章　介護報酬の算定要件

（31）再入所時栄養連携加算

入所者が入院・退院後の再入所から経管栄養又は嚥下調整食の新規導入となり、栄養ケア計画を作成したときの加算です。

○**再入所時栄養連携加算　　200 単位を加算（入所者 1 人につき）**

〈チェック事項〉

---

1 再入所時栄養連携加算

- □ 入所者が、医療機関に入院し、医師が特別食又は嚥下調整食の提供の必要性を認め、退院後、ただちに再入所した場合か
- □ 施設の管理栄養士が入院先の医療機関の管理栄養士と連携し、二次入所後の栄養ケア計画を作成しているか
- □ 二次入所後に入所者、家族等に計画を説明し、同意を得ているか
- □ 人員基準欠如減算・定員超過利用減算の基準に該当していないか
- □ 栄養ケア・マネジメント未実施減算を算定していないか
- □ 加算の算定は 1 回に限っているか

---

1 再入所時栄養連携加算

- 施設に入所していた者が、医療機関に入院し、その入所者について、医師が特別食又は嚥下調整食を提供する必要性を認めた場合で、退院した後、ただちに再度施設に入所（二次入所）した場合を対象とします。
- 介護保険施設の管理栄養士が、その者の入院する医療機関を訪問した上で、医療機関での栄養に関する指導又はカンファレンスに同席して、医療機関の管理栄養士と連携して二次入所後の栄養ケア計画を作成します。この計画は二次入所後に入所者、家族の同意を得なければなりません。
- 指導又はカンファレンスへの同席は、その者又は家族に同意を得た上でテレビ電話装置等を活用して行うことが可能です。
- 特別食については、「（30）退所時栄養情報連携加算」236 頁を参照。

- 「嚥下調整食」は、硬さ、付着性、凝集性などに配慮した食事で、日本摂食嚥下リハビリテーション学会の分類に基づくものをいいます。また、心臓疾患等の者に対する減塩食、十二指腸潰瘍の者に対する潰瘍食、侵襲の大きな消化管手術後の入所者に対する潰瘍食、クローン病及び潰瘍性大腸炎等により腸管の機能が低下している者に対する低残渣食ならびに高度肥満症（肥満度が＋40％以上又は BMI が 30 以上）の者に対する治療食を含みます。なお、高血圧の者に対する減塩食（食塩相当量の総量が 6.0g 未満のもの）及び嚥下困難者（そのために摂食不良となった者も含む）のための流動食は、「療養食加算」の場合と異なり、本加算の対象となる特別食に含まれます。

第2章　介護報酬の算定要件

（32）在宅復帰支援機能加算

　過去6ケ月間に、施設から退所して、在宅介護となった者が一定の割合を超えていることを評価する加算です。

○在宅復帰支援機能加算　　1日につき10単位を加算

〈チェック事項〉

> **1 在宅復帰支援機能加算**
>
> □ 算定月の前6ケ月間の退所者数のうち、在宅で介護を受けることとなった者の割合が、以下の通りであるか
> 　□ 介護老人福祉施設では2割超
> 　□ 介護老人保健施設では3割超
> □ 退所日から30日以内の居宅訪問又は指定居宅介護支援事業者から情報提供を受け、在宅生活が1ケ月以上継続することの確認、記録を実施したか
> □ 入所者の家族との連絡調整を実施したか
> □ 入所者が希望する居宅介護支援事業者に対し、必要な情報提供、退所後の利用サービス調整を実施したか

1 在宅復帰支援機能加算

● 算定月の前6ケ月間に、施設からの退所者（特養では、「在宅・入所相互利用加算」を算定している者を除く）の総数のうち、期間内に退所して在宅において介護を受けることとなった者（入所期間が1ケ月間を超えていた者に限る）の占める割合が、以下の通りであることが要件です。また、毎月判定します。
　a　介護老人福祉施設では2割超
　b　介護老人保健施設では3割超
● 退所者の退所した日から30日以内に、施設の従業者が退所者の居宅を訪問するか、居宅介護支援事業者から情報提供を受けることによって、退所者の在宅生活が1ケ月以上継続する見込みであることを確認し、記録しなければなりません。

- 入所者が在宅へ退所するに当たって、入所者とその家族に対して、退所後の居宅サービス、その他の保険医療サービス、福祉サービスについて次のような相談援助を行います。
    - a 食事、入浴、健康管理等在宅における生活に関する相談援助
    - b 退所する者の運動機能及び日常生活動作能力の維持及び向上を目的として行う各種訓練等に関する相談助言
    - c 家屋の改善に関する相談援助
    - d 退所する者の介助方法に関する相談援助
- 必要に応じて、入所者の同意を得て退所後の居住地を管轄する市町村、地域包括支援センター、老人介護支援センターに対して、入所者の介護状況を示す文書を添え、入所者に係る居宅サービスに必要な情報を提供します。
- 加算に当たっては、算定根拠となる関係書類を整備しなければなりません。

第2章　介護報酬の算定要件

（33）介護職員等処遇改善加算

　介護職員の賃金の改善等を実施している施設に対する加算です。介護現場で働く職員にとって令和6年度に2.5％、令和7年度に2.0％のベースアップへとつながるよう、処遇改善のための旧3加算（介護職員処遇改善加算・介護職員等特定処遇改善加算・介護職員等ベースアップ等支援加算）を一本化した形で、令和6年度に新設されました。

➡ **令和6・7年度のベースアップについては「解説　令和6・7年度のベースアップについて」251頁を参照**

	介護老人福祉施設	介護老人保健施設
介護職員等処遇改善加算（Ⅰ）	14.0％	7.5％
介護職員等処遇改善加算（Ⅱ）	13.6％	7.1％
介護職員等処遇改善加算（Ⅲ）	11.3％	5.4％
介護職員等処遇改善加算（Ⅳ）	9.0％	4.4％

※1ケ月当たりの総単位数に乗じる加算率
※令和6年度中の経過措置として介護職員等処遇改善加算（Ⅴ）あり

➡ **加算（Ⅴ）については「解説　介護職員等処遇改善加算（Ⅴ）」252頁を参照**

〈チェック事項〉

1 月額賃金改善要件

□ 処遇改善計画の賃金改善は、次の要件を満たしているか

【月額賃金改善要件Ⅰ】 ※

□ 介護職員等処遇改善加算（Ⅳ）相当の加算額の2分の1以上を、月給（基本給又は決まって毎月支払われる手当）の改善に充てる

【月額賃金改善要件Ⅱ】 旧ベースアップ等支援加算未算定の場合のみ

□ 前年度と比較して、旧ベースアップ等支援加算相当の加算額の3分の2以上の新たな基本給等の改善（月給の引上げ）を行う

※月額賃金改善要件Ⅰについては令和7年度から適用

1 月額賃金改善要件

【月額賃金改善要件Ⅰ】

● 介護職員等処遇改善加算（Ⅰ）～（Ⅳ）のいずれを算定する場合でも、加算（Ⅳ）

の加算額の2分の1以上を基本給又は決まって毎月支払われる手当とすることが必要です。

● このときに、賃金総額を新たに増加させる必要はありません。手当や一時金としている賃金改善の一部を減額して、その分を基本給等に付け替えることでも要件を満たします。

● すでに要件を満たしている施設は、新規の取組みを行う必要はありません。ただし、新規の基本給等の引上げを行う場合には、基本給等の引上げはベースアップにより行うことが基本となります。

● この要件は**令和6年度中は猶予され、令和7年度から適用**されます。

【**月額賃金改善要件Ⅱ**】旧ベースアップ等支援加算未算定の場合のみ

● 令和6年5月31日時点で旧処遇改善加算を算定しており、かつ、旧ベースアップ等支援加算は未算定の施設が、新規に加算（Ⅰ）～（Ⅳ）を算定する場合の要件です。

● 旧ベースアップ等支援加算を算定する場合に見込まれる加算額の3分の2以上の基本給等の引上げを新規に実施しなければなりません。

● 基本給等の引上げはベースアップにより行うことが基本となります。

● 次の施設については、この要件の適用を受けません。

　a　令和6年5月以前に旧3加算を算定していなかった施設

　b　令和6年6月以降に開設された施設

ポイント ▶ **旧ベア加算から月給改善額の要件が変更に**

　本加算で月給改善として求められる要件は、旧ベースアップ等支援加算の算定要件「加算総額の3分の2以上を月給の改善に充てる」とは異なり、「加算（Ⅳ）の算定率で計算した加算総額の2分の1以上を月給の改善に充てる」というものです。

　この要件は令和7年度から適用されるため、令和6年度中は旧ベースアップ等支援加算と支援補助金で設定した月給改善額を維持することになります。また、旧ベースアップ等支援加算を算定していなかった場合は、令和6年度中は、同旧加算を算定した場合の加算額の3分の2以上を月給改善額として設定することになります。

第 2 章 介護報酬の算定要件

> **ポイント ▶ 賃金改善の実施についての基本的な考え方**
>
> 　賃金改善は、基本給、手当、賞与等のうち対象とする項目を特定した上で行います。この場合、賃金水準を低下させてはなりません。また、基本給による賃金改善が望ましいとされています。
>
> 　令和 6 年度に、令和 5 年度と比較して増加した加算額については、増加分に相当する介護職員その他の職員の賃金改善を新規に実施しなければなりません。その際、新規に実施する賃金改善は、ベースアップにより行うことが基本とされています。
>
> 　配分については、事業者の判断で、介護職員以外の職種への配分も含め、施設内で柔軟な配分が可能です。ただし、一部の職員に加算を原資とする賃金改善を集中させることや、法人内の一部の施設のみに賃金改善を集中させるなど、職務の内容や勤務の実態に見合わない著しく偏った配分はNG とされています。

> **ポイント ▶ 月給改善額はベースアップが基本！**
>
> 　本加算で求められている月額改善額は**ベースアップが基本**とされています。ベースアップとは、賃金表の改定により基本給や手当の水準を一律に引き上げることです。
>
> 　例外としては、令和 6 年度介護報酬改定をふまえて、賃金体系の見直しの途上である場合などが示されています。そのような場合に、ベースアップのみでの賃金改善ができなければ、その他の手当や一時金等を組み合わせて実施してもよいとされています。

〈チェック事項〉

2 キャリアパス要件

【加算Ⅰ】☐ キャリアパス要件Ⅰ・Ⅱ・Ⅲ・Ⅳ・Ⅴを満たしているか

【加算Ⅱ】☐ キャリアパス要件Ⅰ・Ⅱ・Ⅲ・Ⅳを満たしているか

【加算Ⅲ】☐ キャリアパス要件Ⅰ・Ⅱ・Ⅲを満たしているか

【加算Ⅳ】☐ キャリアパス要件Ⅰ・Ⅱを満たしているか

〈キャリアパス要件〉

Ⅰ **（任用要件・賃金体系）**[1]：任用の際に職責又は職務内容等の要件（賃金を含む）を就業規則等の書面で整備している

Ⅱ **（研修の実施等）**[1]：資質向上の支援について具体的な計画を策定し、計画に沿って研修を実施又は研修の機会を確保している

Ⅲ **（昇給の仕組み）**[1]：経験や資格等に応じて昇給する仕組み又は一定の基準により定期に昇給を判定する仕組みを設けている

Ⅳ **（改善後の賃金額）**：経験・技能のある介護職員のうち１人は、賃金改善後の賃金見込額が年額 440 万円以上である

Ⅴ **（介護福祉士等の配置）**：サービス提供体制強化加算（Ⅰ）又は（Ⅱ）、日常生活継続支援加算（Ⅰ）又は（Ⅱ）[2]のいずれかを届け出ている

Ⅰ～Ⅲは根拠規程を書面で整備の上、すべての介護職員に周知が必要

[1] キャリアパス要件Ⅰ・Ⅱ・Ⅲについては令和７年度から適用

[2] 介護老人福祉施設のみ

2 キャリアパス要件

● キャリアパス要件とは、賃金体系や研修、昇給の仕組みの整備など、介護職員のキャリアアップを目的として設置された要件です。加算（Ⅰ）～（Ⅳ）には算定要件にキャリアパス要件が定められており、これを満たすことがポイントです。算定する加算によって、満たさなければならない項目が異なります。

➡ キャリアパス要件の詳細は「解説　キャリアパス要件」254頁を参照

245

第2章　介護報酬の算定要件

〈チェック事項〉

> **3** 職場環境等要件
>
> ☐ 給与以外の処遇改善（職場環境等要件）を次の通り実施しているか
>
> 【加算（Ⅰ）・（Ⅱ）】 ☐ 区分ごとにそれぞれ2つ以上取り組む
>
> 　　　　　　　　　　　　（「生産性向上のための取組」は3つ以上、うち一部は必須）
>
> 【加算（Ⅲ）・（Ⅳ）】 ☐ 区分ごとにそれぞれ1つ以上取り組む
>
> 　　　　　　　　　　　　（「生産性向上のための取組」は2つ以上）
>
> 〈区分〉
>
> | |
> |---|
> | 入職促進に向けた取組（①～④） |
> | 資質の向上やキャリアアップに向けた支援（⑤～⑧） |
> | 両立支援・多様な働き方の推進（⑨～⑫） |
> | 腰痛を含む心身の健康管理（⑬～⑯） |
> | 生産性向上（業務改善及び働く環境改善）のための取組（⑰～㉔） |
> | やりがい・働きがいの醸成（㉕～㉘） |
>
> ☐ 本加算の算定状況と職場環境等要件に基づく取組みについて、ホームページへの掲載等により公表しているか【加算（Ⅰ）・（Ⅱ）のみ】

※職場環境等要件は令和7年度から適用

3 職場環境等要件

- 本加算の算定には、職場環境等要件を実施して報告することが必要です。職場環境等要件とは、賃金改善以外の職場環境などの改善を推進することを目的に設置された要件で、具体的に取り組む内容が①から㉘まで設定され、6つの区分に分かれています。

　➡ 職場環境等要件の詳細は「解説　職場環境等要件」257頁を参照

- 加算（Ⅰ）・（Ⅱ）を算定する場合は、6つの区分それぞれから2つ以上、「生産性向上のための取組」の区分では3つ以上の取組みを実施する必要がありますが、そのうち⑰又は⑱は必須です。これらを全介護職員に周知しなければなりません。また、年度内に実施した処遇改善に要した費用を全介護職員に周知することも必要です。

3 共　通

- 小規模事業者※は、㉔の取組みを実施していれば、「生産性向上のための取組」の要件を満たすことができます。

  ※1法人当たり1の施設又は事業所のみを運営するような法人等の小規模事業者

- 加算（Ⅰ）・（Ⅱ）を算定する場合は、本加算の算定状況と職場環境等要件についてホームページ等を活用して公表します。

- 具体的には、介護サービスの情報公表制度を活用して、本加算の算定状況を報告し、実施した職場環境等要件の取組項目と具体的な取組内容を「事業所の特色」欄に記載します。情報公表制度で報告の対象となっていない場合は、自施設のホームページを活用するなど、外部から見える形で公表します。

- 新たな職場環境等要件は、令和6年度中については適用を猶予され、従来の職場環境等要件が適用されます。

ポイント▶ 大きく変わる！職場環境等要件

　本加算の新設に当たって、職場環境等要件については、6つの区分のうち「生産性向上のための取組」を重点的に実施すべき内容に改められています。

　この区分の具体的な取組みは、⑰業務改善委員会設置などの体制構築、⑱職場の課題分析など課題の見える化、⑲5S活動等による環境整備、⑳業務マニュアル作成等による作業負担軽減、㉑介護記録ソフト等の導入、㉒見守りセンサーやインカム等のICT機器の導入、㉓介護助手の活用など業務や役割の見直し、㉔各種委員会の共同設置など協働化を通じた環境改善です。

　職場環境等要件の適用は令和7年度からですが、小規模事業者にはハードルが高いため、特例措置として上記の項目⑰〜㉔のうち㉔を行えば、要件をクリアするとされています。

第 2 章　介護報酬の算定要件

〈チェック事項〉

4 加算算定のための各種届出

【体制等状況一覧表】

☐ **体制等状況一覧表**を算定開始月の前月 15 日までに提出しているか

【処遇改善計画書】

☐ 処遇改善計画書の賃金改善所要見込額が、介護職員等処遇改善加算の見込額を上回る計画となっているか

☐ **処遇改善計画書**を事業年度における最初の算定月の前々月の末日までに提出しているか

☐ 処遇改善計画書により賃金改善方法を全介護職員に周知しているか

☐ 処遇改善計画書の内容に変更があった場合、算定開始月の前月 15 日までに**変更届出書**を提出しているか

【実績報告書】

☐ 事業年度ごとの**実績報告書**を最終の加算の支払があった翌々月の末日までに提出しているか

【特別事情届出書】

☐ 一時的に賃金水準を引き下げる場合、**特別事情届出書**を提出しているか

5 労働法令の遵守等

☐ 過去 12 ケ月間、労働基準法等の違反で罰金以上の刑を受けていないか

☐ 労働保険料の納付を適正に行っているか

4 加算算定のための各種届出

【処遇改善計画書】

- 本加算を算定する場合、介護職員の賃金改善に要する費用の見込額が、加算の算定見込額を上回るとする賃金改善に関する処遇改善計画書を策定し、都道府県知事等に届け出ることが必要です。

- 事業年度において初めて新加算等を算定する月の前々月の末日までに、処遇改善計画書を都道府県知事に提出します。

- 処遇改善計画書の内容に変更があった場合は、変更届出書を届け出ます。変更が就業規則の改定のみの場合は、実績報告書を提出する際に変更届出書をあわせて届け出ます。

- 施設での賃金改善の実施方法は処遇改善計画書を用いて職員に周知するとともに、就業規則等の内容も周知する必要があります。

- 介護職員から賃金改善について照会があった場合は、その職員に対する具体的な賃金改善の内容について、文書などでわかりやすく回答しなければなりません。

【実績報告書】

- 実績報告書は、各事業年度において最終の加算の支払があった月の翌々月の末日までに、都道府県知事等に提出します。例えば令和6年度の提出期日は、令和7年3月分の加算の支払が令和7年5月であることから、通常は令和7年7月31日となります。

【特別事情届出書】

- 経営が悪化して一定期間にわたり収支が赤字で、資金繰りに支障が生じるような場合は、事業を継続させるために、例外的に一時的に賃金水準を引き下げることが認められています。

- 事業の継続を図るために、職員の賃金水準（加算による賃金改善分を除く）を引き下げた上で賃金改善を行う場合には、特別事情届出書を届け出る必要があります。

- 年度を超えて賃金を引き下げる場合は、次年度の加算算定のための届出を行う際に、特別事情届出書を再度提出する必要があります。

第 2 章　介護報酬の算定要件

ポイント 複数の事業所を運営している場合は事業者単位で作成できる！

　事業者が複数の介護サービス事業所や施設を運営している場合は、処遇改善計画書・実績報告書を事業者（法人）単位で一括して作成することができます。

　その場合は、計画書等をそれぞれの期日までに、各事業所や施設の指定権者である都道府県知事等に届出を行います。提出する処遇改善計画書等の記載事項は、「提出先」の項目以外は同じ内容で問題ありません。

解説　令和6・7年度のベースアップについて

　本加算のポイントは、令和6年度に2.5%、令和7年度に2.0%の2期分のベースアップを可能とすることです。本加算の算定率は、2年分の賃上げ分を含んでおり、令和6年6月に移行した段階で算定率は、旧3加算と2月からの支援補助金を合計した加算率より高く設定されています。この増加分は、令和6年6月から前倒しで支給してもよいし、令和7年度に繰り延べて7年度に支給してもよいとされました。

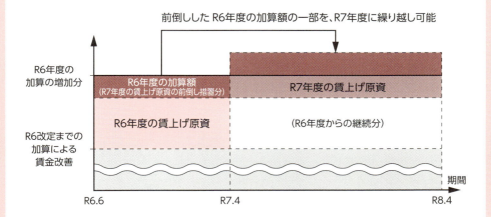

　しかし、繰り延べる場合は2つの問題を抱えています。1つ目は、繰り延べて令和7年度に支給した部分については、令和8年度以降の加算では補塡されないことです。つまり、令和8年度以降は施設の負担となります。2つ目は、繰り延べした部分の収益は令和6年度の収入であることです。加算収入に相対する賃金の支給が令和7年度となるために、令和6年度は法人税の課税対象となってしまいます。この税金対策として、厚生労働省は賃上げ促進税制の活用をあげていますが、一般的ではありません。それらを勘案すると、令和6年6月から前倒しでの支給がベストの選択といえるのではないでしょうか。

　例外として、法人が毎年、定期昇給を実施している場合には、繰り延べて増額した部分で定期昇給の相当額を補塡するのであれば有効です。令和8年度以降は、法人の負担での支給は想定内ですので、少なくとも令和7年度の昇給分を加算で補塡できるメリットは大きいといえます。

第2章　介護報酬の算定要件

解説　介護職員等処遇改善加算（V）

　加算（I）～（IV）の算定要件を満たすことができないなど、新たな加算にただちに移行できない施設のため、令和6年6月から令和6年度末までの経過措置区分（激変緩和措置）として、加算（V）（1）～（14）が設けられています。

● 加算（V）は、旧3加算の取得状況に応じた加算率を維持した上で、令和6年度の改定による加算率引上げを受けることができるようにするものです。

● 令和6年5月末日時点で、旧3加算のうちいずれかの加算を受けている施設が取得可能です。

● 加算（V）の加算区分は令和6年5月時点の旧3加算の算定状況で決まり、年度中に旧加算の算定要件を満たせなくなった場合は、加算（V）の算定ができなくなります。

● 加算の配分方法は、他の加算と同様、介護職員への配分を基本に、特に経験・技能のある職員に重点的に配分しますが、施設内で柔軟な配分が認められます。

● 算定要件については、以下の表を参照してください。

加算（V）の算定要件（旧3加算の算定状況）

加算区分	加算率		介護職員等特定処遇改善加算	介護職員等特定処遇改善加算	介護職員等ベースアップ等支援加算
	介護老人福祉施設	介護老人保健施設	介護職員処遇改善加算	介護職員等特定処遇改善加算	介護職員等ベースアップ等支援加算
V（1）	12.4%	6.7%	I	I	算定なし
V（2）	11.7%	6.5%	II	I	算定あり
V（3）	12.0%	6.3%	I	II	算定なし
V（4）	11.3%	6.1%	II	II	算定あり
V（5）	10.1%	5.7%	II	I	算定なし
V（6）	9.7%	5.3%	II	II	算定なし
V（7）	9.0%	5.2%	III	I	算定あり
V（8）	9.7%	4.6%	I	算定なし	算定なし
V（9）	8.6%	4.8%	III	II	算定あり
V（10）	7.4%	4.4%	III	I	算定なし
V（11）	7.4%	3.6%	II	算定なし	算定なし
V（12）	7.0%	4.0%	III	II	算定なし
V（13）	6.3%	3.1%	III	算定なし	算定あり
V（14）	4.7%	2.3%	III	算定なし	算定なし

解説　介護職員等処遇改善加算（Ⅴ）

加算（Ⅴ）の算定要件

加算区分	Ⅴ1	Ⅴ2	Ⅴ3	Ⅴ4	Ⅴ5	Ⅴ6	Ⅴ7	Ⅴ8	Ⅴ9	Ⅴ10	Ⅴ11	Ⅴ12	Ⅴ13	Ⅴ14
① 月額賃金改善要件Ⅰ														
加算Ⅳの1/2以上の月額賃金改善	－	－	－	－	－	－	－	－	－	－	－	－	－	－
② 月額賃金改善要件Ⅱ														
旧ベア加算相当の2/3以上の新規の月額賃金改善	－	－	－	－	－	－	－	－	－	－	－	－	－	－
③ キャリアパス要件Ⅰ							どちらかを○		どちらかを○	どちらかを○		どちらかを○	どちらかを○	どちらかを○
任用要件・賃金体系の整備等	○	○	○	○	○	○		○			○			
④ キャリアパス要件Ⅱ														
研修の実施等	○	○	○	○	○	○		○			○			
⑤ キャリアパス要件Ⅲ														
昇給の仕組みの整備等	○	－	○	－	－	－	－	○	－	－	－	－	－	－
⑥ キャリアパス要件Ⅳ														
改善後の賃金要件（8万円又は440万円1人以上）	○	○	○	○	○	○	－	○	－	－	－	－	－	－
⑦ キャリアパス要件Ⅴ														
介護福祉士等の配置要件	○	○	－	－	－	－	－	－	－	－	－	－	－	－
⑧ 職場環境等要件														
職場環境全体で1	－	－	－	－	－	－	○	－	－	○	－	○	○	○
職場環境区分ごと1	○	○	○	○	○	○	－	○	○	－	○	－	－	－
HP掲載等を通じた見える化	○	○	○	○	○	○	－	○	○	－	○	－	－	－

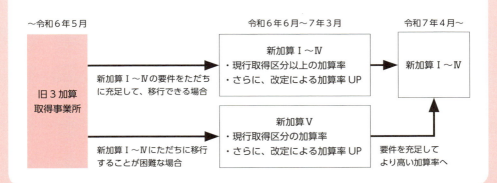

253

第 2 章　介護報酬の算定要件

解説　キャリアパス要件

キャリアパス要件Ⅰ（任用要件・賃金体系の整備等）

次の①～③をすべて満たすことが必要です。

① 介護職員の任用の際の職位、職責、職務内容等に応じた任用等の要件（賃金に関するものを含む）を定めている

　　一般職員、班長、主任など、介護職員が上れる階段を設ければよく、該当者がいない場合は空き職種でも、その仕組みがあれば問題ありません。

② 上記①の職位、職責、職務内容等に応じた賃金体系（一時金等の臨時的に支払われるものを除く）を定めている

　　必ずしも厳密な賃金規程は必要なく、各階段での給与のめやすの金額がわかる状態であれば問題ありません。

③ 上記①・②の内容について就業規則等の明確な根拠規程を書面で整備し、全介護職員に周知している

　　新入職員も含めた全職員に周知していることが必要です。ただし、常時雇用者数が 10 人未満の事業所など、労働法規上の就業規則の作成義務がない事業所は、就業規則の代わりに内規等を整備して周知していれば、要件を満たすことができます。

キャリアパス要件Ⅱ（研修の実施等）

次の①・②を満たすことが必要です。

① 介護職員の職務内容等をふまえ、介護職員と意見を交換しながら、資質向上の目標と、 a 又は b に関する具体的な計画を策定し、計画に係る研修の実施又は研修の機会を確保している

　a 資質向上の計画に沿って、研修機会の提供又は技術指導等（OJT、OFF-JT 等）の実施、介護職員の能力評価を行う

　b 資格取得のための支援（研修のための勤務シフトの調整、休暇の付与、費用の援助等）を実施する

　　意見の交換は、さまざまな方法（例えば、対面に加え、労働組合との意見交換、メール等による意見募集など）でできる限り多くの介護職員の意見を聴く機会を設けるように配慮することが望ましいとされています。

　　「資質向上の目標」とは、運営状況や介護職員のキャリア志向等をふまえ設定しますが、一例として、次のようなものが考えられます。

・利用者のニーズに応じた良質なサービスを提供するために、介護職員が技術・能力（例：

介護技術、コミュニケーション能力、協調性、問題解決能力、マネジメント能力等）の向上に努めること

・事業所全体での資格等（例：介護福祉士、介護職員基礎研修、訪問介護員研修等）の取得率の向上

② 上記①について、全介護職員に周知している

キャリアパス要件Ⅲ （昇給の仕組みの整備等）

次の①・②を満たすことが必要です。

① 介護職員について、経験や資格等に応じて昇給する仕組み又は一定の基準に基づき定期に昇給を判定する仕組みを設けている

具体的には、次の **a** ～ **c** のいずれかに該当するもの

a 経験に応じて昇給する仕組み

「勤続年数」や「経験年数」などに応じて昇給する仕組みです（例えば、職員の勤務年数が3年未満は一般職員、3～6年は班長、6年超は主任に昇進するなど）。

b 資格等に応じて昇給する仕組み

介護福祉士等の資格取得や実務者研修等の修了状況に応じて昇給する仕組みです。別法人等で資格を取得した後に就業した場合でも昇給できる仕組みとする必要があります。例えば、介護職員を対象に介護福祉士手当、特定介護福祉士手当、社会福祉士手当などを複数設けて、資格を取ると昇給する仕組みでもよく、この場合の手当の金額に定めはありません。また、該当する職員がいない場合は手当を支給する必要はありません。

c 一定の基準に基づき定期に昇給を判定する仕組み

「実技試験」や「人事評価」などの結果に基づいて昇給する仕組みです。客観的な評価基準や昇給条件が明文化されている必要があります（例えば、班長試験や主任試験などの昇進試験を設けて、合格すると昇進するなど）。

② 上記①の内容について、就業規則等の明確な根拠規程を書面で整備し、全介護職員に周知している

キャリアパス要件Ⅳ （改善後の年額賃金要件）

経験・技能のある介護職員（経験10年以上の介護福祉士資格者）のうち1人以上は、賃金改善後の年収が440万円以上であること。

すでに該当者がいる場合は、新たに設ける必要はありません。

次のように賃金改善が困難で合理的な理由がある場合は、例外措置として設けなくてもよいとされています。

第 2 章　介護報酬の算定要件

・小規模事業所等で加算額全体が少額である場合
・職員全体の賃金水準が低い事業所などで、ただちに 1 人の賃金を引き上げることが困難な場合

　令和 6 年度中は、旧特定処遇改善加算同様に、賃金改善額が月額平均 8 万円以上の職員を置くことでも上記の要件を満たしますが、令和 7 年度からは廃止されます。

キャリアパス要件Ⅴ（介護福祉士等の配置要件）

　一定以上の介護福祉士等を配置していることが要件です。

　具体的には、サービス提供体制強化加算（Ⅰ）又は（Ⅱ）、日常生活継続支援加算（Ⅰ）又は（Ⅱ）※のいずれかの届出を行っている必要があります。

※介護老人福祉施設のみ

注意！ ▶算定要件が簡素化　廃止されたルールに注意！

　令和 6 年に新設された本加算の算定区分は、これまでの旧 3 加算より、算定要件がかなり簡素化されています。大きな変更点の 1 つは、旧特定処遇改善加算（Ⅱ）の算定要件である、全職員を A ～ C のグループに振り分け、C グループ（介護職員以外の職種）への支給は B グループ（その他の介護職員）の賃金改善額の 2 分の 1 以下とする、**いわゆる「2 分の 1 ルール」が廃止**されたことです。また、C グループ対象者の年収を 440 万円以下とする所得制限も撤廃されています。

　旧特定処遇改善加算（Ⅱ）の算定要件で残ったのは、「経験 10 年以上で介護福祉士資格をもつ介護職員の中から、1 人以上を年収 440 万円以上にする」という要件のみです。しかし、同旧加算で認められていた**「又は月額 8 万円以上の昇給」という要件は令和 7 年度から廃止される**ため、本加算で加算（Ⅰ）・（Ⅱ）を算定する場合には、年収 440 万円以上の者を設定できないと、加算（Ⅲ）以下にランクダウンするので注意が必要です。

解説　職場環境等要件

解説　職場環境等要件

加算（Ⅰ）・（Ⅱ）：区分ごとにそれぞれ2つ以上（「生産性向上のための取組」
　　　　　　　　は3つ以上、うち⑰又は⑱は必須※）取り組んでいる
加算（Ⅲ）・（Ⅳ）：区分ごとにそれぞれ1つ以上（「生産性向上のための取組」
　　　　　　　　は2つ以上※）取り組んでいる

　※小規模事業者（1法人当たり1の施設又は事業所のみを運営する法人等）は、
　　㉔を実施していれば「生産性向上のための取組」の要件を満たします。

区分	内容
入職促進に向けた取組	①法人や事業所の経営理念やケア方針・人材育成方針、その実現のための施策・仕組みなどの明確化 ②事業者の共同による採用・人事ローテーション・研修のための制度構築 ③他産業からの転職者、主婦層、中高年齢者等、経験者・有資格者等にこだわらない幅広い採用の仕組みの構築（採用の実績でも可） ④職業体験の受入れや地域行事への参加や主催等による職業魅力度向上の取組の実施
資質の向上やキャリアアップに向けた支援	⑤働きながら介護福祉士取得を目指す者に対する実務者研修受講支援や、より専門性の高い介護技術を取得しようとする者に対するユニットリーダー研修、ファーストステップ研修、喀痰吸引、認知症ケア、サービス提供責任者研修、中堅職員に対するマネジメント研修の受講支援等 ⑥研修の受講やキャリア段位制度と人事考課との連動 ⑦エルダー・メンター（仕事やメンタル面のサポート等をする担当者）制度等導入 ⑧上位者・担当者等によるキャリア面談など、キャリアアップ・働き方等に関する定期的な相談の機会の確保
両立支援・多様な働き方の推進	⑨子育てや家族等の介護等と仕事の両立を目指す者のための休業制度等の充実、事業所内託児施設の整備 ⑩職員の事情等の状況に応じた勤務シフトや短時間正規職員制度の導入、職員の希望に即した非正規職員から正規職員への転換の制度等の整備 ⑪有給休暇を取得しやすい雰囲気・意識作りのため、具体的な取得目標（例えば、1週間以上の休暇を年に●回取得、付与日数のうち●％以上を取得）を定めた上で、取得状況を定期的に確認し、身近な上司等からの積極的な声かけを行っている ⑫有給休暇の取得促進のため、情報共有や複数担当制等により、業務の属人化の解消、業務配分の偏りの解消を行っている
腰痛を含む心身の健康管理	⑬業務や福利厚生制度、メンタルヘルス等の職員相談窓口の設置等相談体制の充実

257

第 2 章　介護報酬の算定要件

	⑭短時間勤務労働者等も受診可能な健康診断・ストレスチェックや、従業者のための休憩室の設置等健康管理対策の実施 ⑮介護職員の身体の負担軽減のための介護技術の修得支援、職員に対する腰痛対策の研修、管理者に対する雇用管理改善の研修等の実施 ⑯事故・トラブルへの対応マニュアル等の作成等の体制の整備
生産性向上（業務改善及び働く環境改善）のための取組	⑰厚生労働省が示している「生産性向上ガイドライン」に基づき、業務改善活動の体制構築（委員会やプロジェクトチームの立ち上げ又は外部の研修会の活用等）を行っている ⑱現場の課題の見える化（課題の抽出、課題の構造化、業務時間調査の実施等）を実施している ⑲5S活動（業務管理の手法のひとつ。整理・整頓・清掃・清潔・しつけの頭文字をとったもの）等の実践による職場環境の整備を行っている ⑳業務手順書の作成や、記録・報告様式の工夫等による情報共有や作業負担の軽減を行っている ㉑介護ソフト（記録、情報共有、請求業務転記が不要なもの）、情報端末（タブレット端末、スマートフォン端末等）の導入 ㉒介護ロボット（見守り支援、移乗支援、移動支援、排泄支援、入浴支援、介護業務支援等）又はインカム等の職員間の連絡調整の迅速化に資するICT機器（ビジネスチャットツール含む）の導入 ㉓業務内容の明確化と役割分担を行い、介護職員がケアに集中できる環境を整備。特に、間接業務（食事等の準備や片付け、清掃、ベッドメイク、ゴミ捨て等）がある場合は、いわゆる介護助手等の活用や外注等で担うなど、役割の見直しやシフトの組み換え等を行う ㉔各種委員会の共同設置、各種指針・計画の共同策定、物品の共同購入等の事務処理部門の集約、共同で行うICTインフラの整備、人事管理システムや福利厚生システム等の共通化等、協働化を通じた職場環境の改善に向けた取組の実施 ※生産性向上体制推進加算を取得している場合には、「生産性向上（業務改善及び働く環境改善）のための取組」の要件を満たすものとする ※小規模事業者は、㉔の取組を実施していれば、「生産性向上（業務改善及び働く環境改善）のための取組」の要件を満たすものとする
やりがい・働きがいの醸成	㉕ミーティング等による職場内コミュニケーションの円滑化による個々の介護職員の気づきをふまえた勤務環境やケア内容の改善 ㉖地域包括ケアの一員としてのモチベーション向上に資する、地域の児童・生徒や住民との交流の実施 ㉗利用者本位のケア方針など介護保険や法人の理念等を定期的に学ぶ機会の提供 ㉘ケアの好事例や、利用者やその家族からの謝意等の情報を共有する機会の提供

※令和7年度から適用（令和6年度はこれまでの職場環境要件を適用）

第 **3** 章

その他の請求・処分事例

その他の日常生活費

　介護サービスの利用料とは別に入所者から支払ってもらうリハビリパンツ代やレクリエーション費用などは「その他の日常生活費」といいます。その他の日常生活費の請求については、さまざまな基準があり、この基準を満たしていないと、運営指導で返還指導となります。

〈チェック事項〉

1 その他の日常生活費の範囲

☐ 次のどちらかに該当するか
- ●身の回り品として日常生活に必要なもの
- ●教養娯楽として日常生活に必要なもの

☐ 入所者が共有で使うものについて請求していないか

2 請求方法・金額

☐ 重要事項説明書に料金表があるか

☐ 事前に説明して同意を得ているか

☐ 「お世話料」など曖昧な名目で請求していないか

☐ 1回ごとの請求になっており、月額で請求していないか

☐ 請求金額は実費相当で利益を乗せていないか

注意! ▶入浴時のシャンプーやせっけん、タオル等の費用を入所者全員に一律に「身の回りの費用」として徴収していませんか？

　すべての入所者に対して一律に提供するものについては、その他日常生活費として徴収することはできません。入浴に通常付随する費用は、入浴介助加算の報酬に含まれていると考えられます。また、入所者の希望の有無だけで判断するものではありません。例えば、入所者が希望しないからといってタオルを使用しないなどといったことは認められません。

1 その他の日常生活費の範囲

- その他の日常生活費は、日常生活で通常必要となるものの費用です。具体的な範囲としては、次のいずれかに該当するものです。

    a 身の回りの品の費用：入所者の希望で、身の回り品として日常生活に必要なものを事業者が提供する場合にかかる費用
    （具体例：一般的に要介護者等の日常生活に必要と考えられる物品（例えば、歯ブラシや化粧品等の個人用の日用品等））

    b 教養娯楽費：入所者の希望で、教養娯楽として日常生活に必要なものを事業者が提供する場合にかかる費用
    （具体例：サービス提供の一環として実施するクラブ活動や行事における材料費等）

- 入所者が共通、共有で使うものの費用は基本報酬に含まれていると考えられるため、「その他の日常生活費」として請求できません。例えば、入所者がサービス提供時間内に購読する新聞や雑誌などの共通の経費は、基本報酬に含まれているために個別に請求はできません。夏場の冷房費や冬場の燃料代も同様の扱いになります。その他の日常生活費で請求できるものは、**その入所者だけが必要とするものに限られます**。

2 請求方法・金額

- 日常生活費は「1ケ月1,500円」などの**定額での一括請求は認められません**。各々の費用の実費相当分とした料金表を作成して、事前に入所者への説明同意を得た上で、実際に使用した分を請求します。

> **注意！** ▶ 入所者全員が参加する機能訓練で使用する材料費について、入所者から一律に徴収していませんか？
>
> すべての入所者に対して一律に提供するものについては、その他日常生活費として徴収することはできません。このような費用は本体報酬に含まれていると考えられます。

介護保険施設における行政処分の実例

定員超過利用による減算を行わずに部分停止

　医療法人の運営する介護保険施設で、月平均で利用定員を超えているにもかかわらず、定員超過利用による減算（基本報酬の３割を減額）を各月の入所者全員について行わないという不正請求がありました。さらにこの期間中、定員超過利用により算定できない加算も算定していました。この結果、不正請求額は1,800万円以上となりました。

　定員超過利用で算定できないにもかかわらず算定していた加算
　　・療養食加算サービス提供体制強化加算（Ⅱ）
　　・口腔衛生管理体制加算・栄養マネジメント加算
　　・経口維持加算（Ⅰ）、（Ⅱ）
　　・経口移行加算
　　・介護職員処遇改善加算（Ⅰ）、（Ⅱ）

▶**定員超過は、月平均で判断します。しかし、運営基準上は、１日でも定員超過があると運営基準違反です。**

不適切ケアで１年間の事業停止

　2020年、社会福祉法人が運営する特別養護老人ホームで、不適切ケアが発覚しました。

　資格のない職員が入所者８名に胃ろうを1,679回、入所者１名に喀痰吸引を20回以上行うなどの医療行為を行っていました。また、運営基準で定める入浴回数（週２回以上）を満たしていない上、入所者69名のケアプランが未作成のままでした。

　このため、１年間の事業停止と一部効力の停止（６ケ月間の新規受入れ停止、６ケ月間の介護報酬請求の２割減額）となりました。また、運営する社会福祉法人に対し、職員の給与改善のための補助金の返還を求めるとともに、運営体制の刷新等が勧告されました。

▶**医療行為を所定の資格者以外が行うことは、重大な違法行為です。**

虐待で１年間新規入所者受入れ停止

　2020年、社会福祉法人が運営する特別養護老人ホームで、入所者がおむつを

外す等の行為を防止する理由から、施設従事者 22 人から入所者 13 人に対して 1 年以上にわたり、入所者の腹部をズボンの紐で縛るなどの身体的拘束が行われていました。当該行為について、身体的拘束の適正化のための対策を検討する委員会による検討を行っておらず、必要な記録も行われていませんでした。さらに、入所者又はその家族に説明・同意を得ることなく実施されていました。

この結果、当該行為は高齢者虐待に該当するとして、1 年間の入所者の新規受入れ停止となりました。

▶職員の教育管理は、経営陣の重要な責務です。

医師の人員配置基準満たさず不正請求、3 ケ月の新規受入れ停止

2024 年、社会福祉法人が運営する介護老人保健施設に対し、介護報酬の不正請求による行政処分がありました。

常勤として勤務すべき管理者兼医師が常勤として勤務せず、人員基準を満たしていない状況にもかかわらず、本来であれば減算請求すべきところを減算せずに、また、算定できない加算も算定し、請求・受領していました。不正請求の総額は約 1 億 5 千万円（2022 年 1 月～ 2023 年 6 月）に上りました。

これにより、新規入所者の受入れ停止 3 ケ月の行政処分となりました。

▶運営指導では、勤務実態が確認されます。

人格尊重義務違反により新規受入れ停止、報酬上限設定

2024 年、社会福祉法人が運営する特別養護老人ホームに対し、人格尊重義務違反による行政処分がありました。

職員が入所者の頭をテーブルに押さえつけケガを負わせたり、複数の職員が入所者に対して、強い口調で対応したりするなど不適切な言葉遣いや態度で接していました。また、複数の職員が入所者に対し、排せつ介助やナースコールの使用において不適切な対応を行った事実も確認されました。

これにより、3 ケ月間の新規入所者の受入れ停止と介護報酬請求額の上限設定（7 割）の行政処分となりました。

▶職員の教育管理は、経営陣の重要な責務です。

著者紹介

小濱　道博（こはま　みちひろ）

小濱介護経営事務所代表。

北海道札幌市出身。全国で介護事業の経営支援、コンプライアンス支援を手がける。介護経営セミナーの講師実績は、北海道から沖縄まで全国で年間 250 件以上。個別相談、個別指導も全国で実施。全国の介護保険課、介護関連の各協会、社会福祉協議会、介護労働安定センター等主催の講演会での講師実績も多数。C-MAS 介護事業経営研究会 最高顧問、C-SR 一般社団法人医療介護経営研究会専務理事なども兼ねる。

サービス・インフォメーション

――通話無料――

① 商品に関するご照会・お申込みのご依頼
　　　　　　TEL 0120(203)694／FAX 0120(302)640
② ご住所・ご名義等各種変更のご連絡
　　　　　　TEL 0120(203)696／FAX 0120(202)974
③ 請求・お支払いに関するご照会・ご要望
　　　　　　TEL 0120(203)695／FAX 0120(202)973

● フリーダイヤル（TEL）の受付時間は、土・日・祝日を除く
　 9：00〜17：30です。
● FAXは24時間受け付けておりますので、あわせてご利用ください。

令和6年度介護報酬改定対応
運営指導はこれでOK！
おさえておきたい算定要件
【特養・老健編】

2024年10月10日　　初版発行
2025年 1 月15日　　初版第2刷発行

著　者　　小　濱　道　博

発行者　　田　中　英　弥

発行所　　第一法規株式会社
　　　　　〒107-8560　東京都港区南青山2-11-17
　　　　　ホームページ　https://www.daiichihoki.co.jp/

ブックデザイン　タクトシステム株式会社
イラスト　後藤ひろみ

運営指導特老6　ISBN 978-4-474-01770-2　C2036（7）